W0224642

In dieser Reihe sind
bisher erschienen:

Richtig Badminton
Richtig Basketballspielen
Richtig Bergsteigen
Richtig Freiklettern
Richtig Fußballspielen
Richtig Golf
Richtig Jogging
Richtig Jonglieren
Richtig Karate
Richtig Muskeltraining
Richtig Reiten
Richtig Rennradfahren
Richtig Schwimmen
Richtig Segeln
Richtig Segelsurfen
Richtig Skifahren
Richtig Skilanglaufen
Deutsche Skischule
Richtig Stretching
Richtig Squash
Richtig Taekwondo
Richtig Tanzen 1
Richtig Tanzen 2
Richtig Tauchen
Richtig Tennisspielen
Richtig Tischtennis
Richtig Wildwasserfahren
Richtig Yoga

Volksb
Raiffeise

Martin Sklorz · Ralf Michaelis

Richtig Tischtennis

BLV SPORTPRAXIS TOP

BLV

Die Deutsche Bibliothek –
CIP-Einheitsaufnahme

Richtig Tischtennis /
Martin Sklorz ; Ralf Michaelis. –
Neuausg., (5., überarb. Aufl.). –
München ; Wien ; Zürich : BLV, 1995
(BLV Sportpraxis : Top)
Bis 4. Aufl. u.d.T.:
Richtig tischtennisspielen
ISBN 3-405-14792-1
NE: Sklorz, Martin; Michaelis, Ralf

BLV Verlagsgesellschaft mbH
München Wien Zürich
80797 München

BLV Sportpraxis Top

Neuausgabe (5., überarbeitete Auflage)

© BLV Verlagsgesellschaft mbH,
München 1995

Das Werk einschließlich aller seiner Teile ist urheberrechtlich geschützt. Jede Verwertung außerhalb der engen Grenzen des Urheberrechtsgesetzes ist ohne Zustimmung des Verlags unzulässig und strafbar. Das gilt insbesondere für Vervielfältigungen, Übersetzungen, Mikroverfilmungen und die Einspeicherung und Verarbeitung in elektronischen Systemen.

Herstellung und DTP: Rosemarie Schmid
Druck: Appl, Wemding
Bindung: Conzella, Urban Meister, München

Gedruckt auf chlorfrei gebleichtem Papier

Printed in Germany · ISBN 3-405-14792-1

Bildnachweis

Adidas S. 95
Ehrich S. 64/65
Joola S. 86/87
Kemmler S. 25, 26, 27, 29, 34/35, 70, 71, 79, 103
Lucignani S. 2/3, 38/39
Reger S. 6, 8, 10 li., 21, 24, 90, 126
Schöler/Micke S. 47, 119
Schuchert S. 11 re., 43, 52 o., 57, 73
Wiese S. 9, 10 re., 11 li.,15 re., 31, 50, 51, 52 u., 53, 60, 66, 67, 76/77, 84, 85, 91, 106, 117, 120, 121, 123

Alle Grafiken von Jörg Mair außer Hellmut Hoffmann S. 14, 15 li., 16, 86, 88, 89, 97 u., 99, 101, 109, 110, 113, 115, 116, 126, 127

Umschlagfotos:
Reger (Vorderseite)
Schöler/Micke (Rückseite)

Dank an die Firmen Adidas, Joola und Schöler/Micke für das zur Verfügung gestellte Bildmaterial

Inhalt

Vorwort

Heute wird Tischtennis als Volkssportart, das heißt **»Sport für alle«** oder aber – aufgrund der lebenslangen Ausübungsmöglichkeit – als **»Lifetime-Sport«** gepriesen. Diese enorme Entwicklung zeichnet sich schon seit Jahrzehnten ab. Derzeit spielen bei uns allein 800 000 Spieler in rund 11 000 Vereinen Tischtennis. Bemerkenswert sind aber vor allem die 8 Millionen Menschen aller Altersklassen, die in ihrer Freizeit diese Sportart betreiben. Untersuchungen weisen Tischtennis als »die« Freizeitsportart aus.
In der ganzen Welt spielen sich schätzungsweise 300 Millionen Menschen den kleinen Ball zu. Damit ist Tischtennis zahlenmäßig eine der größten und beliebtesten Sportdisziplinen.
Ein Entwicklungsstopp ist noch nicht abzusehen. Viele wollen noch diese überall durchführbare Sportart erlernen.
Doch an dieser Stelle muß auch festgestellt werden, daß bereits viele Interessenten dem Tischtennisspiel nach den ersten Versuchen verlorengingen. Der Grund lag stets in der fehlenden fachlichen Anleitung. Man lernte nicht schnell genug, resignierte zu früh und verpaßte dadurch leider die sehr gute Möglichkeit, seine Freizeit durch diese interessante Sportart zu bereichern.

Deshalb ist dieses Buch so aufgebaut,

- daß es sowohl in der Hand eines freizeitorientierten Hobbyspielers
- als auch in der eines »Experten« als Leitfaden dient.

Die Konzeption des Buches ist sowohl für den »Selbstunterricht« als auch für die Lehrarbeit im Gruppenunterricht zugeschnitten.
Die Übungsleiter im Verein, die Sportlehrer in der Schule, die Leiter von Gruppen in Freizeitinstitutionen, Sanatorien, Betrieben, Altersheimen und Kinderheimen haben hiermit eine verständliche, methodisch-didaktische Anleitung.

Wir wünschen allen Interessenten beim Lernen und vor allem beim Spielen viel Spaß.

Ralf Michaelis *Martin Sklorz*

Wer kann Tischtennis spielen? Jeder!

Das ist das Faszinierende dieser Sportart. Denn egal, ob jung oder alt, männlich oder weiblich, behindert oder gesund, freizeit- oder leistungsorientiert – Tischtennis spricht alle an.
Hinzu kommt, daß Tischtennis von allen Rückschlagsportarten am leichtesten erlernbar ist. Bereits nach 2 Stunden kann jeder ein Match austragen.

Wo kann man Tischtennis spielen? Überall!

Tischtennis hat den Vorteil, daß man es sowohl im Freien als auch in Räumen ausüben kann.
Im Freizeit-Tischtennis ist lediglich eine Mindestfläche von 2,50 bis 3 m Breite und 4 bis 5 m Länge notwendig. Natürlich sind größere Flächen idealer. So kann festgehalten werden, daß Tischtennis auf Terrassen, Vorplätzen, im Keller und anderen Räumen, in Jugend- und Gemeinschaftsräumen und natürlich in Clubräumen und Sporthallen gespielt werden kann.
Bei ein wenig Erfindungsgabe wird immer eine Fläche vorhanden sein.

Was kann man beim Tischtennis trainieren? Sehr viel!

Es werden intensiv trainiert:

Physische Fähigkeiten
- Ausdauer.
- Schnelligkeit.
- Kraft.
- Beweglichkeit.
- Koordination.

Psychische Fähigkeiten
- Konzentration.
- Denken, Handeln.
- Selbstüberwindung.
- Kritikfähigkeit.

Aber auch
- Geselligkeit.
- Fair play.

Wie ist die Verletzungsgefahr beim Tischtennis? Gering!

Von den 20 populärsten Sportarten der Welt ist Tischtennis diejenige, bei der am wenigsten Verletzungen auftreten! Deshalb kann sie auch noch bis ins hohe Alter betrieben werden.

Wichtig:
- Wer sich vor dem Training und Wettkampf vernünftig »aufwärmt«,
- wer ohne Streß zum Training kommt,
- wer durch einen Trainer richtig angeleitet wird,

der verletzt sich kaum.

Welche Institutionen bieten Tischtennis an? Viele!

Da die Werte des Tischtennisspiels bekannt sind, bieten viele Institutionen Tischtennis an. Dazu gehören:

- Sportvereine.
- Schulen, Hochschulen.
- Betriebe, Behörden.
- Freizeiteinrichtungen.
- Krankenhäuser, Sanatorien.
- Altersheime, Kindergärten.
- Hotels, Urlaubsveranstalter.

Tip
Schließen Sie sich doch einer Institution, die für Sie in Frage kommt, an. – Übrigens: Die Sportvereine warten auf Sie!

Ist Tischtennis teuer? Nein!

Eine gute Freizeitsportausrüstung kostet:

- Schläger = ca. 30,- DM
- Ball = ca. 1,- DM
- Tisch = ca. 400,- DM
- Netz = ca. 30,- DM

Wichtig: Achten Sie auf gute Sportschuhe. Für Vereinsspieler gibt es spezielle Tischtennisschuhe.
Eine besondere Sportbekleidung ist im Freizeitbereich nicht notwendig.

Die Vereine erheben folgende Beiträge monatlich:

- Erwachsene = 10,- bis 20,- DM
- Jugendliche = 5,- bis 10,- DM

Ist Tischtennis mit Anleitung schneller zu erlernen? Ja!

Über diese Frage gibt es keine Diskussion. Damit Sie noch mehr Spaß an dieser herrlichen Sportart haben, sollten sie auf jeden Fall unter Anleitung eines Trainers üben. Sollte ein Trainer nicht zur Verfügung stehen, ist gegenseitige Hilfe und Korrektur notwendig.

Wichtig: Jede Information und jeder kleine Tip hilft dem Partner.
Loben Sie ihn – tadeln Sie ihn auf keinen Fall!
Sie lernen auch um so schneller, wenn Sie die theoretischen Grundkenntnisse beherrschen (siehe Kapitel »Theorie«).

Deshalb: Ein Tischtennisbuch zur Anleitung ist ein Vorteil.

Wann sollte Tischtennis gespielt werden? Immer!

Tischtennis ist ja nicht saisonabhängig. Nutzen Sie diesen enormen Vorteil.

Tip
Egal, wo Sie diesen Sport auch ausüben, sollte das *regelmäßige* Spielen im Vordergrund stehen.

- Spielen Sie nicht zu lange auf einmal. Vorschlag: 30 Minuten; danach erst einmal eine Pause.
- Spielen Sie mit vielen Partnern.
- Spielen Sie nicht, wenn Sie absolut keine Lust haben.
- Teilen Sie die zur Verfügung stehende Spielzeit in zwei gleichlange Abschnitte ein: Trainieren – Spielen.

Ausrüstung

Tischtennisschläger

Das Angebot ist so mannigfaltig, daß es ratsam ist, die folgenden Ausführungen und Tips beim Kauf zu beachten.

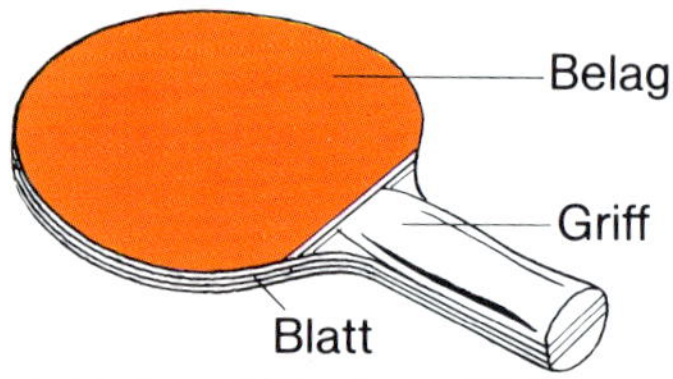

Schlägergriff

- Er muß bequem von der Hand umfaßt werden können und auch fest in der Hand liegen.
- Er darf nicht aus der den Schläger umfassenden Hand herausragen.

Schlägerblatt

Nach den internationalen Tischtennisregeln muß das Schlägerblatt aus Holz bestehen.

Schlägerbelag

Siehe Tabelle.

Eigenschaften der verschiedenen Belagarten

Belagarten Eigenschaften und Eignung	**»Backside«** (Noppen innen)	**»Anti-Topspin«**
Eigenschaften der Belagarten	■ Griffig bis sehr griffig. ■ Es kann viel Rotation und Tempo erzeugt werden. ■ Kontrolle bei der Annahme eines stark rotierenden Balles oft erschwert.	■ Kaum griffig. ■ Es kann nur sehr eingeschränkt Rotation und Geschwindigkeit erzeugt werden. ■ Die Rotation des ankommenden Balles kann gut kontrolliert werden.
Eignung für Spielsysteme	Angriff/Abwehr/Allround = ■ Dicker Belag (~2 mm) = Angriff. ■ Dünner Belag (~1 mm) = Abwehr. ■ Mittlerer Belag (~1,5 mm) = Allround.	Abwehr = Mit guter Kontrolle aber wenig Variation.

Pflegehinweise

- Das Schützen des Schlägers vor Beschädigungen durch eine Schlägertasche (Preis etwa 15 DM) ist sinnvoll.
- Die Reinigung des Schlägerbelages in regelmäßigen Abständen mit lauwarmem Wasser oder Belagsreiniger (im Fachhandel erhältlich) ist ratsam.
- Die Aufbewahrung des Schlägers in Hitze oder Kälte möglichst vermeiden.
- Abgespielte Schlägerbeläge auswechseln.

Tips zum Kauf von Belägen:
Allgemeiner Grundsatz: Kaufen Sie nicht den billigsten Belag, da die *Haltbarkeit*, die *Elastizität* der Schaumgummi-Unterlage sowie die *Griffigkeit* der Noppengummi-Auflage ungenügend sind.

Tips beim Schlägerkauf

- Anfänger und Fortgeschrittene sollten einen »Backside« wählen (30 – 50 DM).
- Können sollten sich anhand der dargestellten Tabelle orientieren (50 – 200 DM).

»Soft« (Noppen außen) kurze Noppen	 lange Noppen	**»Noppengummi«** kurze Noppen	 lange Noppen
■ Wenig griffig. ■ Der Belag läßt vor allem ein temporeiches Spiel zu. ■ Die Ballkontrolle ist recht gut.	■ Erzeugt starke Rückwärtsrotation gegen Topspin. ■ Ergibt keine Rotation gegen rückwärtsrotierende Bälle.	■ Erzeugt wenig Rotation und Geschwindigkeit. ■ Gute Kontrolle für rotationsreiche und schnelle Bälle.	■ Siehe Soft-Belag mit langen Noppen. ■ Unterschied: etwas bessere Kontrolle.
Angriff = Tischnaher Angriff mit Konter-, Block-, Schmetterschlag-Spiel.	Abwehr = Mit geringer Kontrolle und vermehrter Variation (s. Eigenschaften).	Abwehr = Mit guter Kontrolle und geringer Variation.	Abwehr = Siehe Soft-Belag mit langen Noppen.

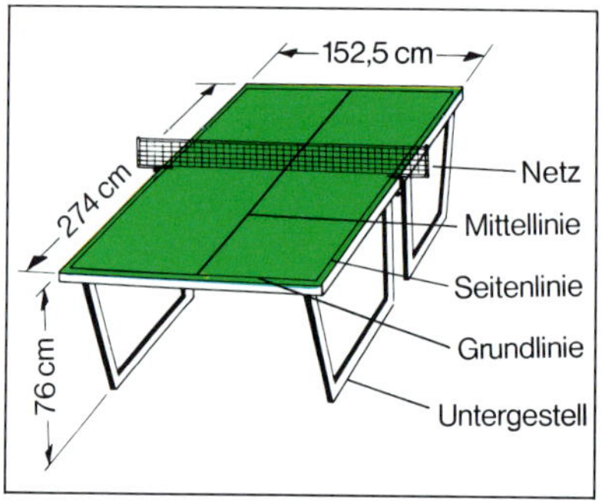

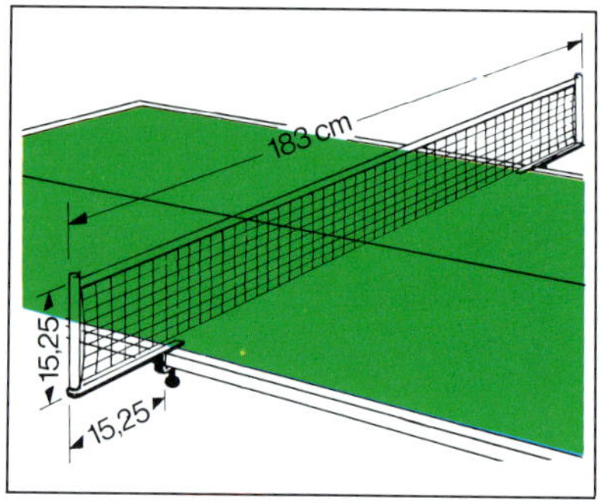

Tischtennistisch

Der Tisch ist hinsichtlich seiner Maße, der Ballsprungeigenschaften und der Farbe genormt.

Tip

- Darauf achten, daß der Tisch aus zwei Hälften besteht. Er ist dann leichter zu transportieren.
- Der Tisch sollte ein einklappbares Untergestell aufweisen.
- Nur »wetterfesten« Tisch kaufen, falls dieser auch im Freien aufgestellt werden soll.

Pflegehinweise

- Beschädigungen der Tischoberfläche können vermieden werden, indem beim Abbau des Tisches die Spielflächen stets gegeneinandergestellt werden.
- Reinigung der Spielfläche von Staub und Schmutz nicht vergessen.

Tischtennisnetz

Das Tischtennisnetz ist genormt.

Tip

- Das Netz wird durch häufigen Auf- und Abbau stark beansprucht. Es ist daher empfehlenswert, sich ein strapazierfähiges Netz anzuschaffen (50–100 DM).
- Kauf eines »Allwetter-Netzes« zum Spiel im Freien (ca. 50 DM).

Tischtennisball

Durchmesser, Gewicht und Sprunghöhe des Balles sind vorgeschrieben. Er weist eine weiße oder gelbe Farbe auf. Ob Sie einen weißen oder gelben Ball wählen, hängt von der Beschaffenheit Ihres Spielraumes (Hintergrund und Fußboden) ab. Grundsätzlich hat der gelbe Ball den Vorteil, daß er besser wahrgenommen werden kann.

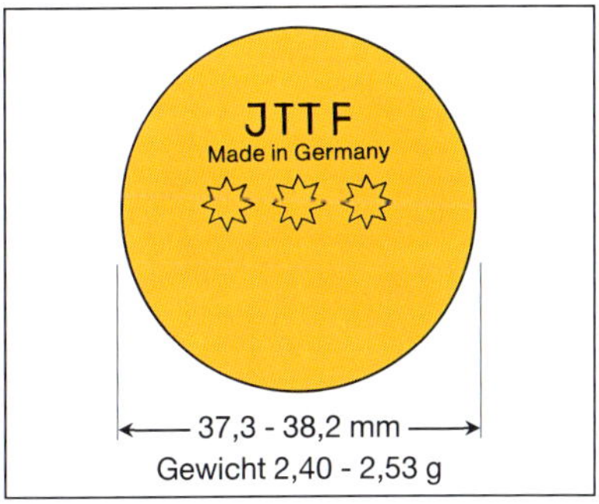

Tip
- Im Handel werden Bälle unterschiedlicher Preisklassen (0,50–2,20 DM) angeboten.
- Wettkampfbälle sind in drei Klassen eingeteilt. Sie werden durch Sterne und einen Prüfstempel gekennzeichnet. Der 3-Sterne-Ball als bester und teuerster Ball unterscheidet sich vom 2- und 1-Sterne-Ball dadurch, daß Gewicht und Sprungverhalten stets gleich sind.
- Für den Freizeitbereich und zu Trainingszwecken genügen »Trainingsbälle ohne Stern«.
- *Überprüfung:* Ein beschädigter Ball »knistert«, wenn er unter leichtem Druck mit dem Schläger auf der Spielfläche gerollt wird.
- *Überprüfung:* Ein runder Ball »eiert« nicht, wenn ihm auf der Spielfläche ein Drehimpuls gegeben wird.

Tischtenniskleidung

Freizeit-Tischtennis kann man selbstverständlich in jeder Bekleidung spielen. Nur für den Wettkampfsport bestehen Regeln. Dabei sind helle oder weiße Farben untersagt, da sonst der Gegner durch den fehlenden Kontrast zum Ball behindert wird.

Tip
Trikot = Wählen Sie schweißaufsaugendes Material. Achten Sie auf bequemen Sitz.
Shorts und Rock = Sollten genügend Bewegungsfreiheit zulassen.
Schuhe = Sollten leicht sein und eine rutschfeste Sohle aufweisen. Achtung: Vereinsspieler sollten spezielle Tischtennisschuhe kaufen.
Sportsocken = Sollten schweißaufsaugend und haltbar sein.
Trainingsanzug = Gehört unbedingt zur Sportbekleidung.

Technik

Einführung

Erläuterungen zur Technik:

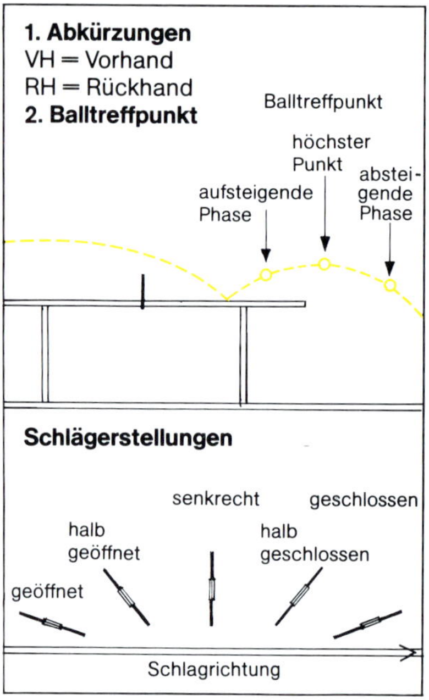

Bevor wir mit der »Grundschule« des Tischtennisspiels beginnen, erscheinen einige prinzipielle Ratschläge angebracht:

- Korrigieren Sie sich gegenseitig.
- Loben Sie Ihren Partner, wenn er eine Aktion oder eine Übung gut abschließt.
- Tadeln Sie Ihren Partner nie; vielmehr sollten Sie ihm in Ruhe den Fehler erklären.
- Nicht spielen, wenn Sie einen »schlechten« Tag und von vornherein keine Lust haben.
- Nicht enttäuscht sein, wenn Sie zeitweise keinen Lernfortschritt erkennen. Lernfortschritte kommen oft nur »schubweise«.
- Teilen sie die Ihnen zur Verfügung stehende Zeit ein:
  1. Hälfte: Einspielen und Training.
  2. Hälfte: Wettspielformen.
- Führen Sie alle Bewegungen und Trainingstips korrekt aus.
- Beachten Sie auf jeden Fall die Ratschläge, die in den Kapiteln »Taktik« und »Training« stehen.

Schlägerhaltung

Der Schläger muß als »Verlängerung unserer Hand« betrachtet werden. Die richtige und zweckmäßige Haltung ist deshalb von größter Bedeutung. Man unterscheidet zwei Schlägerhaltungen:

1. Shakehand-Haltung

Diese Haltung wird vorwiegend in Europa und – mit Ausnahme Asiens – auch in den anderen Kontinenten angewendet. Mit dieser Haltung sollten Anfänger beginnen.

Technik

- Schläger aufnehmen, als wenn man jemandem die Hand zum Gruß reicht (deshalb: Shakehand).

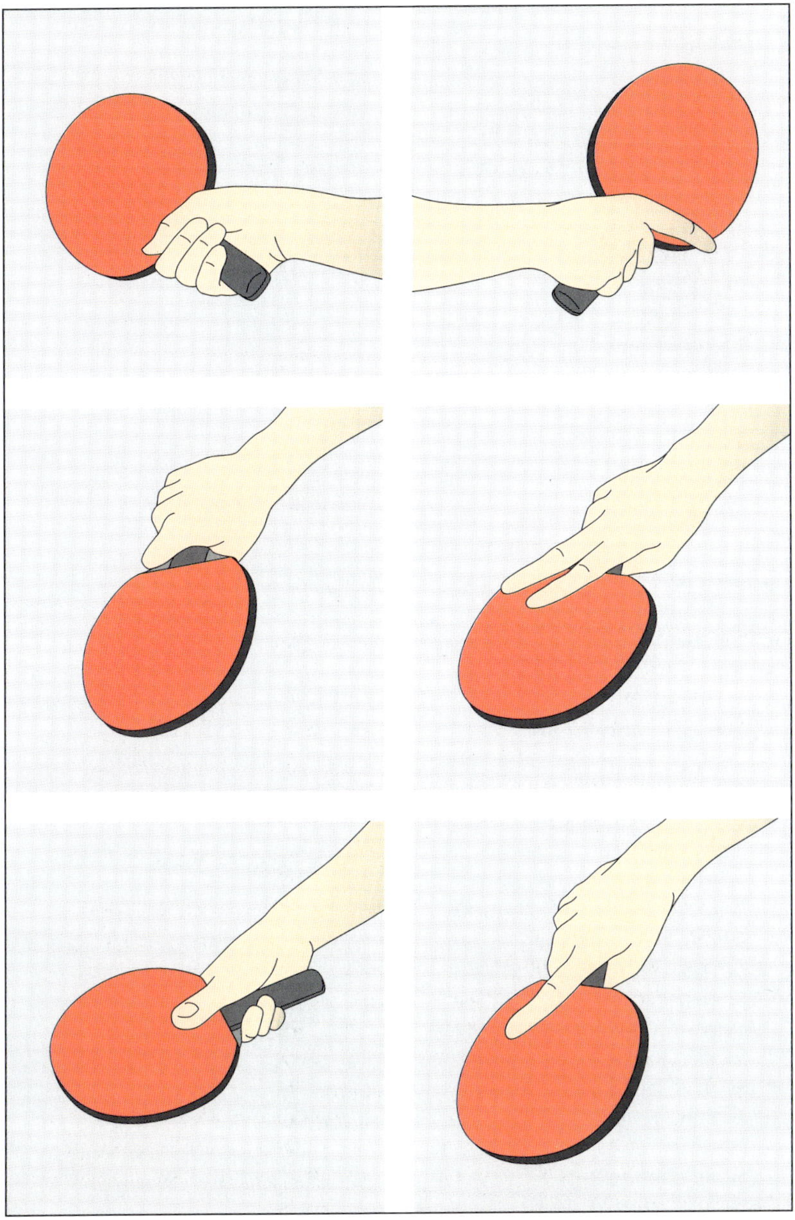

links:
Vorhand
rechts:
Rückhand

Falsch
links:
»Hammergriff«
rechts:
»Zwei Finger«

Falsch
links:
»Daumengriff«
rechts:
»Zeigefinger«

- Daumen und Zeigefinger liegen auf dem unteren Rand der Schlägerfläche auf. Dabei wird die Seite, auf der der Zeigefinger aufliegt, als »Rückhandseite« und die, auf welcher der Daumen aufliegt, als »Vorhandseite« bezeichnet.
- Die restlichen drei Finger umfassen haltend den Griff.

Wichtig: Geringfügige Abweichungen von dieser idealen Schlägerhaltung sind möglich, aber nicht empfehlenswert. Falsche Schlägerhaltungen: siehe Seite 17.

Tip

- Achten Sie gerade im Anfängerstadium konsequent auf die richtige Schlägerhaltung.
- Falls Sie bislang den Schläger anders als angegeben gehalten haben, beheben Sie auf jeden Fall diese Fehlerquelle. Hier liegt vermutlich die Hauptursache Ihrer Spielschwäche; denn Sie können sonst die meisten Schlagarten technisch nicht exakt ausführen.
- Lassen Sie sich nicht irritieren, wenn Ihre Spielstärke nach einer Umstellung zunächst negativ beeinflußt wird. Nach kurzer Eingewöhnung verbessern Sie dann erheblich Ihre Spielmöglichkeiten.

2. Penholder-Haltung

Viele asiatische Tischtennisspieler halten den Schläger auf diese Art. Sie ist aber nur für das Angriffssystem geeignet.

1 Vorhandseite

2 Rückhandseite »Japanisch«

3 Rückhandseite »Chinesisch«

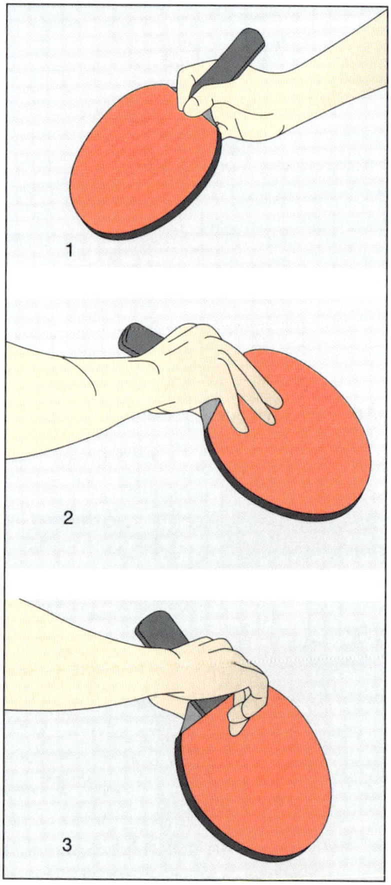

Technik

- Schläger aufnehmen wie einen Federhalter (deshalb: Penholder).
- Daumen und Zeigefinger umfassen den Schlägergriff.
- Die drei restlichen Finger werden aufstützend auf die andere Schlägerseite gebracht oder der Mittelfinger wird eng auf die Schlägerfläche gelegt.

Grundstellung

Tischtennis gehört zu den schnellsten Ballspielen. Um auf die Aktionen des Gegners innerhalb von Hundertstelsekunden reagieren zu können, muß der Aktive vor allem durch ein rationelles Stellungsspiel ständig bereit sein, alle sich ergebenden Angriffs- und Verteidigungsaufgaben zu bewältigen.

Allgemeine Grundstellung

Da er ja nicht weiß, ob der Ball auf seine Vor- oder Rückhandseite kommt, muß er stets eine Stellung einnehmen, die es erlaubt, jede erforderliche Situation zu erfassen.

Technik

- Der Körper weist drei Winkelstellungen auf: Fußsohle-Unterschenkel, Unterschenkel-Oberschenkel, Oberschenkel-Rumpf.
- Die Füße sind schulterbreit (30–50 cm) geöffnet und stehen etwa parallel zueinander bzw. die Fußspitzen zeigen nach außen.

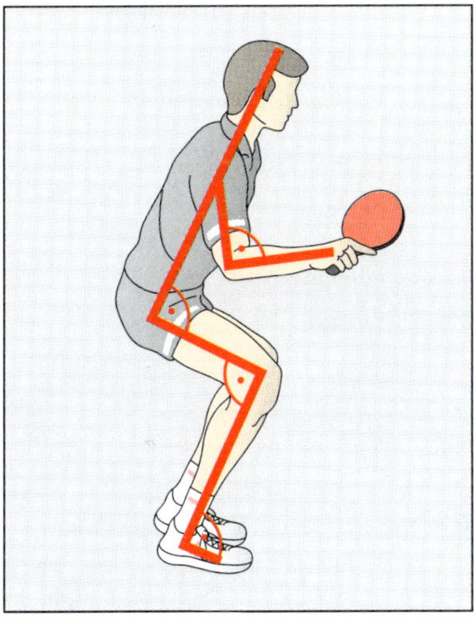

Allgemeine Grundstellung

- Der Spielarm zeigt einen Winkel von etwa 90°, wobei der Oberarm etwa senkrecht und der Unterarm etwa waagerecht ist.
- Der nahezu waagerecht gehaltene Unterarm liegt in neutraler Position zwischen VH und RH.
- Das Gewicht ist deutlich auf die Fußballen verlagert und auf beide Beine verteilt.

Position der allgemeinen Grundstellungen bei den drei Spielsystemen

Die Distanz für die drei Spielsysteme kann wie folgt angegeben werden:

- **Angriffssystem** = 1 m hinter der Grundlinie.
- **Halbdistanzsystem** = 1–2 m hinter der Grundlinie.
- **Verteidigungssystem** = ab 2 m hinter der Grundlinie.

Die Grundstellung bei der Erwartung des gegnerischen Aufschlags sieht wie die des Angriffssystems aus. Nicht mehr als 1 m hinter der Grundlinie stehen! Siehe auch Kapitel »Taktik«.

Ausgangsstellung bei VH-Schlägen

Bei allen VH-Schlägen sollte man eine klare seitliche Stellung zur Grundlinie des Tisches einnehmen.

Technik (Beispiel: Rechtshänder)

- Die Schlagseite ist geöffnet, der Körper befindet sich also in einem Winkel von 45–90° zur Grundlinie.
- Der linke Fuß ist vorgesetzt. Beide Füße stehen in einem Winkel von knapp 90° zueinander und sind ca. 0,5 m geöffnet.

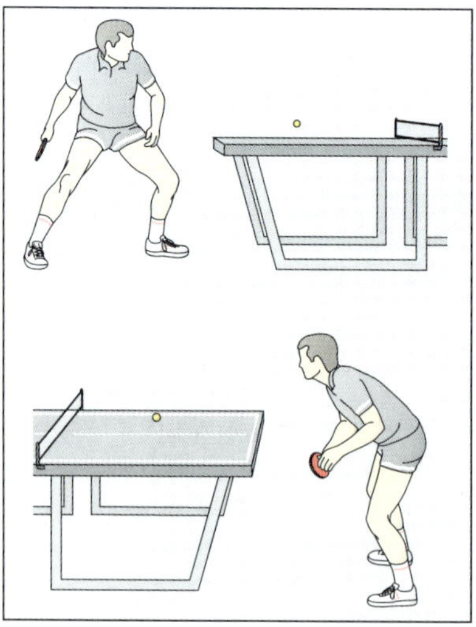

Ausgangsstellung VH-Schlag

Ausgangsstellung RH-Schlag

Ausgangsstellung bei RH-Schlägen mit Vorwärtsrotation

Bei diesen Schlägen ist nur eine frontale bis leicht seitliche Stellung zur Grundlinie nötig.

Wichtig: Es gilt also die »Allgemeine Grundstellung«.

Ausgangsstellung bei RH-Schlägen mit Rückwärtsrotation

Hier gilt wiederum der Grundsatz: Klare seitliche Stellung zur Grundlinie einnehmen.

- Ausgangsstellung: Das rechte Bein steht vor dem linken!
- Ausnahme: RH-Schupfschlag (siehe Seite 54).

Besondere Hinweise

- Nach jedem Schlag ist sofort wieder die allgemeine Grundstellung einzunehmen. Da aus dieser Stellung alle Spielaktionen gestartet werden, können wir sie auch als Bereitschaftsstellung bezeichnen.
- Bei einigen Schlägen ist die exakte Stellung zum Schlag besonders wichtig (z. B. Vorhand-Topspin- und Vorhand-Schmetterschlag); bei anderen wird sie weniger perfekt gefordert (z. B. Rückhand-Schupfschlag). Die Gründe hängen mit der Mechanik unseres Bewegungsapparates und der Länge der Schlagbewegung zusammen.

Aufschlagarten

Vorbemerkung

Ein Ballwechsel beginnt immer mit einem »Aufschlag«. Der Spieler, der den Ball ins Spiel bringt, wird daher »Aufschläger« genannt. Der den Aufschlag annehmende Spieler wird als »Rückschläger« bezeichnet.

Der Aufschlag ist sicher eine sehr wichtige Schlagart im Tischtennis. Hat man ein gutes Aufschlagspiel, kann man stets die folgenden Ballwechsel vorteilhaft für sich gestalten und hat gute Chancen, den Punkt zu gewinnen. Außerdem unterscheidet sich der Aufschlag von der Spielsituation her ganz wesentlich von den übrigen Schlagarten. Nur beim Aufschlag hat der Spieler die Möglichkeit, sich Zeit zu lassen, sich zu konzentrieren und sich gedanklich mit dem Spiel auseinanderzusetzen. Ist der Ball erst einmal im Spiel, steht man ständig unter Zeitdruck.

Tip

- Aufschlag ruhig, konzentriert ausführen.
- Aufschlag als *Konzentrationspause* benutzen.
- Vorher überlegen, was man mit dem Aufschlag erreichen will.
- Den Partner in Unkenntnis lassen, welchen Aufschlag man durchführen will.

Konzentration beim Aufschlag

Das Aufschlagspiel sollte in der Regel variabel gestaltet werden. Es bieten sich folgende Möglichkeiten an:

- kurz und lang,
- weich und hart bzw. langsam und schnell,
- ohne Rotation,
- mit Vorwärts-, Seiten- und Rückwärtsrotation,
- in verschiedene Richtungen,
- mit der Vor- und Rückhandseite.

Grundsätzlich ist zu beachten, daß es beim Aufschlag sehr viele Varianten gibt. Die folgenden Technikbeschreibungen stellen also nur Grundtechniken dar, die in mannigfaltiger Weise abgewandelt werden können. Besonders Fortgeschrittene sollten Techniken vermeiden, die zu leicht vom Gegner zu analysieren sind. Vielmehr kommt es darauf an, den Gegner möglichst lange über Rotation, Tempo und Länge des Balles im unklaren zu lassen.

Aufschlag mit Vorwärtsrotation

Vorbemerkung
Im Wettkampftischtennis besitzt diese Aufschlagart nur eine untergeordnete Rolle, da der Aufschlag zu schnell vom Gegner analysiert werden kann, d. h. der Gegner erkennt meist sofort die Plazierung und Rotation des Balles. Außerdem sind kaum Variationsmöglichkeiten bei gleichbleibender Ausholbewegung möglich. Der Aufschlag mit Vorwärtsrotation wird daher im Wettkampfsport fast immer als Variante des Aufschlags mit Seitenrotation ausgeführt.

Technik
- Der Ball wird entweder vor (RH) oder seitlich vor dem Körper (VH) getroffen.
- Treffpunkt des Balles: in der fallenden Phase (s. Regelkunde).
- Schlägerblatt ist geschlossen.
- Die Bewegung des Schlagarmes erfolgt fast waagerecht von hinten nach vorn.
- Der Körper schwingt leicht in die Schlagrichtung.
- Soll der Ball vornehmlich Vorwärtsrotation erhalten, muß die Bewegung leicht nach vorneoben ausgeführt und dabei das Handgelenk eingesetzt werden.

1 Hochwerfen des Balles

2 Ausholphase

3 Treffphase

4 Ausschwungphase

Übungsformen

- Zuerst den RH-Aufschlag üben.
- Den Ball in die Mitte der gegnerischen Tischhälfte plazieren.
- Aufschläge mit VH ausüben. Dabei den Ball seitlich vom Körper hochwerfen und in die Tischmitte spielen.
- Den Ball diagonal, dann parallel plazieren.
- Wechsel von kurzen und langen Aufschlägen.
- In bestimmte Zielfelder spielen bzw. auf den Tisch gelegte Gegenstände (z. B. Schlägerhülle) treffen.

Tip

- Den Ball nicht zu hoch werfen (ca. 20 cm).
- Anfangs die Bewegung des Schlagarmes von hinten-oben leicht nach vorn-unten ausführen. Erst wenn dies beherrscht wird, kann die Bewegung schneller von hinten waagerecht nach vorn erfolgen.

Fehler-Fehlerkorrektur

- *Der Ball geht über die Tischhälfte des Partners*
- ▶ Schlägerblattstellung korrigieren. Der Ball muß bereits im Grundlinienbereich der eigenen Hälfte aufkommen.
- *Der Ball geht ins Netz*
- ▶ Bewegung des Schlagarmes muß schneller erfolgen.

Wichtig: Diese Aufschlagart ist am effektivsten, wenn der Ball eine möglichst hohe Geschwindigkeit hat. Um einen sehr schnellen Aufschlag ausführen zu können, empfiehlt es sich, ihn *diagonal* zu schlagen. Dann steht dem Aufschläger mehr Tischfläche zur Verfügung, und er kann den Ball wuchtiger spielen.

Aufschlag mit Rückwärtsrotation

Technik

- Treffpunkt des Balles (siehe »Aufschlag mit Vorwärtsrotation«).
- Das Schlägerblatt ist geöffnet.
- Die Bewegung des Schlagarmes erfolgt von hinten-oben nach vorn-unten.

Übungsformen

Siehe Aufschlag mit Vorwärtsrotation.

Fehler-Fehlerkorrektur

- *Ball geht ins Netz*
- ▶ Schlägerblatt zu weit geöffnet.
- *Ball geht ins Aus*
- ▶ Schlägerblatt öffnen. Schlagbewegung kontrollieren.
- *Ball erhält keine Rückwärtsrotation*
- ▶ Schlägerblatt öffnen.

Tip

- Um dem Ball möglichst viel Rückwärtsrotation (»Schnitt«) zu erteilen, muß im Moment des Balltreffpunkts das Handgelenk aktiv eingesetzt werden, d. h. der Schläger muß von hinten-oben nach vorne-unten bewegt werden.
- Bei kurz plazierten Aufschlägen kommt die Bewegung fast ausschließlich aus dem Handgelenk.

Perfekte Ausführung eines VH-Aufschlages mit Seitenrotation

1

1

2

2

3

3

4

4

linke Bildreihe:

1 Grundposition Vorhand

2 Ausholphase

3 Treffphase

4 Ausschwung-phase

rechte Bildreihe:

1 Ausholphase

2 Treffphase

3 +4 Aus-schwungphase

Aufschlag mit nach oben gehaltenem Schlägerblatt
1 Ausgangsstellung
2 Ausholphase
3 Treffphase
4 Ausschwungphase

1

2

Aufschlag mit Seitenrotation

Bei dieser Aufschlagart gibt es zwei Möglichkeiten:
- Schlägerblatt nach oben halten.
- Schlägerblatt nach unten halten.

Aufschlag mit nach oben gehaltenem Schlägerblatt

Vorbemerkung

Dieser Aufschlag ist prinzipiell nur mit der VH-Seite durchführbar. Im Hochleistungstischtennis und beim Spiel gegen Angriffsspieler wird diese Aufschlagart sehr selten angewendet, da man eine ungünstige Ausgangsstellung (Hockstellung) einnehmen muß, die das schnelle Agieren auf einen aggressiven Return sehr stark einschränkt.
Im Breitensportbereich kann dieser Aufschlag dagegen sehr wirkungsvoll sein, weil er hinsichtlich der Ballrotation gute Variationsmöglichkeiten zuläßt. So kann der Aufschlag bei gleicher Ausholbewegung so abgewandelt werden, daß:
- durch Unterarmdrehung kurz vor dem Treffpunkt das Schlägerblatt senkrecht zur Schlagrichtung steht und der Ball kaum Rotation erhält,
- das Schlägerblatt am Balltreffpunkt geöffnet wird und der Ball neben einer Seiten- auch noch eine Rückwärtsrotation bekommt,
- der Ball so früh getroffen wird, daß während der Treffphase die Schlagarmbewegung von hinten nach vorne-oben verläuft und der Ball dadurch eine Vorwärtsrotation erhält.

Technik

- Das Schlägerblatt wird hochgestellt, indem der Arm im Ellenbogengelenk stark gebeugt wird. Am Ende dieser »Ausholphase« ist der Schläger in Kopfhöhe.

3

4

- Die Bewegung des Schlagarmes erfolgt von hinten nach vorne-unten durch Strecken des Unterarmes.
- Die Bewegung ist schnell und kurz.
- Bei der Schlagbewegung geht der Spieler in Hockstellung.
- Der Ball wird seitlich vor dem Körper in Schulterhöhe getroffen.
- Die Schlägerblattstellung ist grundsätzlich senkrecht.

Tip
- Bewegung erst ohne Ball durchführen.
- Aufschlag ohne Netz ausführen.
- Wenn die Grobform des Aufschlags beherrscht wird:
  - kann die Ballrotation durch verstärkten Handgelenkeinsatz erhöht werden,
  - können die Variationsmöglichkeiten eingeübt werden.

Übungsformen

Siehe Aufschlag mit Vorwärtsrotation.

Fehler – Fehlerkorrektur

- *Ball hat wenig Seitenrotation*
- ▶ Schläger darf während der Bewegung nicht so gedreht werden, daß der Ball voll getroffen wird.
- ▶ Bewegung muß schnellkräftiger durchgeführt werden.
- *Ball erhält vorwiegend Rückwärtsrotation*
- ▶ Schlägerblatt senkrecht stellen.
- *Ball springt zu hoch vom Tisch ab*
- ▶ Hockstellung einnehmen.

Aufschlag mit nach unten gehaltenem Schlägerblatt

Vorbemerkung
Dieser Aufschlag kann mit VH oder RH durchgeführt werden.

Technik bei VH
- Der Ball wird in Hüfthöhe vor dem Körper getroffen.
- Das Schlägerblatt ist leicht geöffnet bzw. zeigt fast senkrecht nach unten.

VH-Aufschlag mit Seitenrotation
1 Ausholphase
2 Treffphase
3 Ausschwungphase

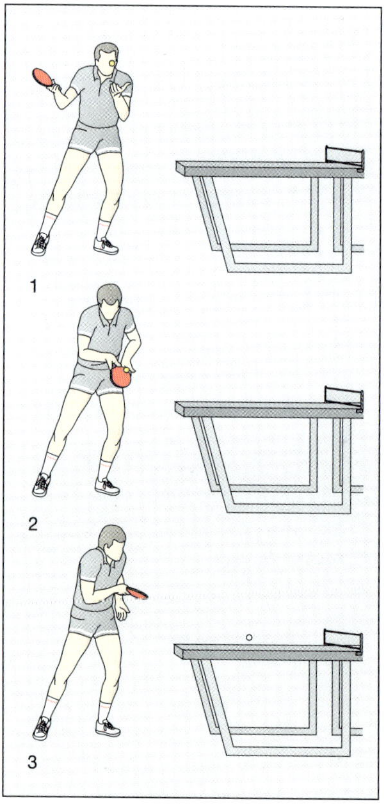

- Fußstellung: fast senkrecht zur Grundlinie, linker Fuß vor dem rechten.
- Die Bewegung des Schlagarmes verläuft bogenförmig von rechts nach links, kurz vor dem Balltreffpunkt erfolgt ein starker Handgelenkeinsatz, der die Seitenrotation verstärkt.
- Körperbewegung und Gewichtsverlagerung:
  Beim Hochwerfen des Balles wird das Gewicht auf das linke, vordere Bein verlagert. Während der Balltreffphase wird der Körper zum Tisch gedreht. Dabei kann das rechte Bein nach vorne in Richtung Grundlinie gebracht werden.

Tip
- Schlägergriff locker umfassen. Das Schlägerblatt kann dadurch besser nach unten gestellt werden, und die Beweglichkeit des Handgelenkes wird erhöht.

Übungsformen
Siehe Übungsformen der anderen Aufschlagarten.

Fehler-Fehlerkorrektur
- *Ball hat wenig Rotation*
- ▶ Schlägerblattstellung beachten, senkrecht stellen, schwungvolle seitliche Schlagarmbewegung. Handgelenk aktiv einsetzen.
- *Ball geht ins Netz*
- ▶ Ausgangsstellung beachten.

Technik bei RH

- Der Ball wird vor dem Körper in Hüfthöhe getroffen.
- Dic Schlägerblattstellung ist leicht geöffnet bis senkrecht.
- Fußstellung: linker und rechter Fuß parallel zur Grundlinie.
- Die Bewegung des Schlagarmes verläuft parallel zur Körperachse von links nach rechts.
- Körperbewegung: Gewichtsverlagerung vom rechten auf das linke Bein.

Tip
Durch aktive Bewegung des Handgelenks in die Schlagrichtung wird die Seitenrotation entscheidend verbessert.

Übungsformen
Siehe andere Aufschlagarten.

Fehler-Fehlerkorrektur

- *Ball hat wenig Seitenrotation*
- ▶ Auf seitliche Armbewegung achten. Bewegung schneller, schwungvoller ausführen.
- *Ball geht ins Netz*
- ▶ Schlägerblattstellung korrigieren (Schlägerblatt senkrecht stellen).

1

2

3

RH-Aufschlag mit Seitenrotation
1 Ausholphase
2 Treffphase
3 Ausschwungphase

Variationsmöglichkeiten
Der Aufschlag mit Seitenrotation bietet bei gleichartiger Ausholbewegung gute Variationsmöglichkeiten hinsichtlich der Rotation:

1. Vorwärtsrotation
Kurz vor dem Balltreffpunkt »pendelt« der Schlagarm aus der bogenförmigen, seitlichen Bewegungsrichtung nach vorne aus, so daß der Ball keine Seiten-, sondern Vorwärtsrotation erhält. Die Schlägerblattstellung ist etwa senkrecht (VH) oder leicht geschlossen (RH).
2. Rückwärtsrotation
Wird der Aufschlag mit halbgeöffnetem Schlägerblatt ausgeführt und kurz vor dem Balltreffpunkt der Schläger von hinten nach vorne-unten (Handgelenkeinsatz!) geführt, erhält der Ball keine Seiten-, sondern vornehmlich Rückwärtsrotation.
3. »Gemischte« Rotation
Je nach Balltreffpunkt kann der Ball neben der Seitenrotation entweder zusätzlich eine Rückwärts- oder Vorwärtsrotation erhalten.
a) Seiten- und Rückwärtsrotation
Wird der Ball zu Beginn der Schlagbewegung getroffen, (wenn der Schläger eine Bewegung nach unten ausführt), erhält er eine zusätzliche Rückwärtsrotation.
b) Der Ball erhält eine zusätzliche Vorwärtsrotation, wenn er in der späten Phase der Schlagbewegung getroffen wird. Der Schläger bewegt sich dabei von unten nach rechts-oben (RH) bzw. links-oben (VH).
4. »Zwei-Phasen-Aufschlag«
Der Aufschlag wird so ausgeführt, daß der Schlagarm am Ende der Ausschwungphase genau in die entgegengesetzte Richtung geführt wird. Je nachdem in welcher Bewegungsphase der Ball getroffen wird, erhält er »Rechtsrotation« (Phase 1 »normaler Aufschlag«) oder »Linksrotation« (Phase 2 Rückholbewegung).

Schlagarten

Schläge mit Vorwärtsrotation

Bei folgenden Schlagarten erhält der TT-Ball eine Vorwärtsrotation:

- **Konterschlag**
- **Schmetterschlag**
- **Treibschlag**
- **Topspinschlag.**

Weitere Schlagarten, bei denen ebenfalls Vorwärtsrotation des Balles zu verzeichnen ist, aber andere Kriterien eine wichtigere Bedeutung besitzen, werden unter dem Kapitel »Spezialschläge« behandelt.

1 Konterschlag
2 Schmetterschlag
3 Treibschlag
4 Topspinschlag

1

2

3

4

Phasen des Konterschlages
1 Ausholphase
2 Treffphase
3 Kurz nach der Treffphase
4 Ende der Ausschwungphase

Konterschlag

Wichtig: Der Konterschlag ist eine sehr wichtige Grundschlagart des Tischtennis, insbesondere für den Angriffsspieler. Da bei dieser Schlagart der Ball sehr früh getroffen wird, kommen sehr schnelle Ballwechsel zustande.

Um erfolgreich kontern zu können, müssen vor allem folgende Voraussetzungen gegeben sein:
- gute Beweglichkeit,
- schnelle Bewegung des Schlagarmes,
- gutes Reaktionsvermögen,
- Antizipationsfähigkeit (Vorwegnahme einer Handlung).

Technik
Die Bewegung ist schnell und kurz.

Ausgangsstellung
Tischnah (0,5–1 m hinter der Grundlinie).
VH: Linker Fuß eine Fußbreite vor dem rechten, schulterbreit geöffnet.
RH: Grundsätzlich parallele Fußstellung, schulterbreit geöffnet. Fortgeschrittene sollten den linken Fuß eine Fußbreite vor den rechten stellen, um beim Wechsel auf die VH-Seite schneller agieren zu können.

Ausholphase
VH: Der leicht angewinkelte Schlagarm schwingt so weit nach hinten, bis der Unterarm und die Schulter fast auf einer Linie liegen. Gleichzeitig erfolgt eine gleichgerichtete leichte Hüftdrehung, bei der das

3

4

Körpergewicht auf das hintere Bein verlagert wird und die Schlagarmschulter nach hinten geführt wird. RH: Der angewinkelte Schlagarm wird nach hinten bis vor die linke Hüfte geführt. Dabei findet fast keine Gewichtsverlagerung statt.

Schlag-/Treffphase
VH/RH: Der Schlagarm schwingt fast waagerecht von hinten leicht nach vorne-oben. Der Ball wird in Hüfthöhe seitlich vor (VH) oder frontal vor (RH) dem Körper in der aufsteigenden Phase, spätestens im höchsten Punkt getroffen.
Beim VH-Schlag wird die Armbewegung durch eine Hüftdrehung nach vorne unterstützt, beim RH-Konterschlag erfolgt die Bewegung fast ausschließlich aus dem Unterarm, der im Ellenbogen gestreckt wird.

Ausschwungphase
Die Ausschwungphase ist kurz. Sie verläuft bei VH in Richtung zur linken Schulter, beim RH-Schlag endet sie mit der fast vollständigen Streckung des Unterarmes.

Stellung des Schlägerblattes
Das Schlägerblatt ist leicht bis halb geschlossen.

Phasen des RH-Konterschlages
1 Ausgangsstellung
2 Ausholphase
3 Treffphase
4 Ausschwungphase

1

2

Tip
Könner sollten die Schlagbewegung des Unterarms durch den Einsatz des Handgelenks unterstützen, um mehr Schnelligkeit zu erreichen. Diese technische Feinform findet vorwiegend beim RH-Konterschlag Anwendung.

Übungsformen
- Zugespielte Bälle des Partners kontern.
- Aufschläge mit Vorwärtsrotation mit Konterschlag retournieren.
- Beide Partner kontern mit RH bzw. mit VH.
- Diagonales und paralleles Zuspiel.
- Kontern mit VH und RH im Wechsel.
- Schlagen von weichen und harten Konterschlägen.
- Markierte Zielfelder in der Hälfte des Partners anspielen.

Fehler-Fehlerkorrektur
- *Ball geht ins Netz*
- ▶ Schlägerblatt leicht schließen.
- ▶ Ball in der steigenden Phase treffen.
- ▶ Bewegung des Schlagarmes schneller ausführen.
- ▶ Unterarmeinsatz stärker beachten. Ellenbogen darf nicht nach vorn geschoben werden.
- *Ball geht über die Grundlinie*
- ▶ Schlägerblatt mehr schließen.
- ▶ Bewegung des Schlagarmes waagerecht nach vorn.

3

4

● *Ball geht über die Seitenlinie*
▶ Ausgangsstellung beachten.

Variationsmöglichkeiten

■ Soll der Ball beim RH-Konterschlag eine möglichst hohe Geschwindigkeit erhalten, wird eine relativ lange Armbewegung mit explosiver Dynamik durchgeführt. Auf folgende besondere Merkmale sollte geachtet werden:
  - Die Ellenbogenspitze zeigt am Ende der Ausholbewegung nach vorne.
  - Am Balltreffpunkt erfolgt ein starker Handgelenkeinsatz, durch den der Schlägerkopf nach vorne gebracht wird.
  - Der Schlagarm wird im Ellenbogen voll gestreckt.
  - Das Körpergewicht verlagert sich deutlich auf das vordere Bein.
  - Der rechte Fuß steht vorne.

■ Wird ein extrem tischnahes Konterspiel bevorzugt, kann der Bewegungsumfang sehr gering gehalten werden. Insbesondere beim RH-Konterschlag erfolgt dann die Bewegung hauptsächlich aus dem Handgelenk.

Schmetterschlag

Wichtig: Der Schmetterschlag ist die »schnellste Schlagart« im Tischtennis. Der Ball erhält dabei eine derart hohe Geschwindigkeit, daß der Gegner große Schwierigkeiten hat, ihn zu retournieren.

Schmetterschläge werden angewandt, um einen Ballwechsel mit einem Punkt abzuschließen. Deshalb sollte folgendes beachtet werden: Der Schmetterschlag muß mit einem Höchstmaß an *Schnellkraft* ausgeführt werden. Achten Sie unbedingt auf die richtige Stellung zum Ball.

Vorbemerkung
Aufgrund des menschlichen Bewegungsapparates sind lange Bewegungen mit der RH nur eingeschränkt möglich. Ein »RH-Schmetterschlag« unterscheidet sich von der Grundstruktur daher nicht vom RH-Konterschlag. »RH-Schmetterschlag« siehe Variationsmöglichkeiten des Konterschlages, S. 35.

Technik
Die Bewegung ist extrem schnell und lang.

Ausgangsstellung
Schrittstellung: Linker Fuß eine Schrittlänge vor dem rechten. Die Füße sind etwas weiter auseinandergestellt als beim Konterschlag.

Ausholphase
Der Schlagarm schwingt weit nach hinten, wobei er im Ellenbogengelenk fast vollständig gestreckt wird. Der Körper (Rumpf) vollzieht dabei eine Hüftdrehung nach rechts, so daß die linke Schulter zum Netz zeigt und das Körpergewicht auf das hintere Bein verlagert wird.

Schlag-/Treffphase
Der Schlagarm wird schnellkräftig nach vorne gebracht und dabei gebeugt. Gleichzeitig erfolgt eine explosive Oberkörperdrehung in die Schlagrichtung; das Körpergewicht verlagert sich auf das vordere Bein. Grundsätzlich wird der Ball seitlich vor dem Körper im höchsten Punkt getroffen. Sollte der Ball sehr hoch abspringen, wird er etwa in Kopf-Schulter-Höhe gespielt.

Ausschwungphase
Der Schlagarm wird so weit durchgeschwungen, bis sich der Schläger vor der linken Schulter befindet, die Ellenbogenspitze des Schlagarmes zeigt nach vorne. Das Körpergewicht befindet sich auf dem linken, vorderen Bein.

Stellung des Schlägerblattes
Das Schlägerblatt ist senkrecht bis stark geschlossen.
Beachte: Die Schlagarmbewegung erfolgt grundsätzlich von hinten nach vorn. Die Bewegungsrichtung hängt jedoch weiterhin von der Höhe des Balles ab. Sie kann sowohl von oben nach unten als auch umgekehrt von hinten-unten nach vorn-oben sein.

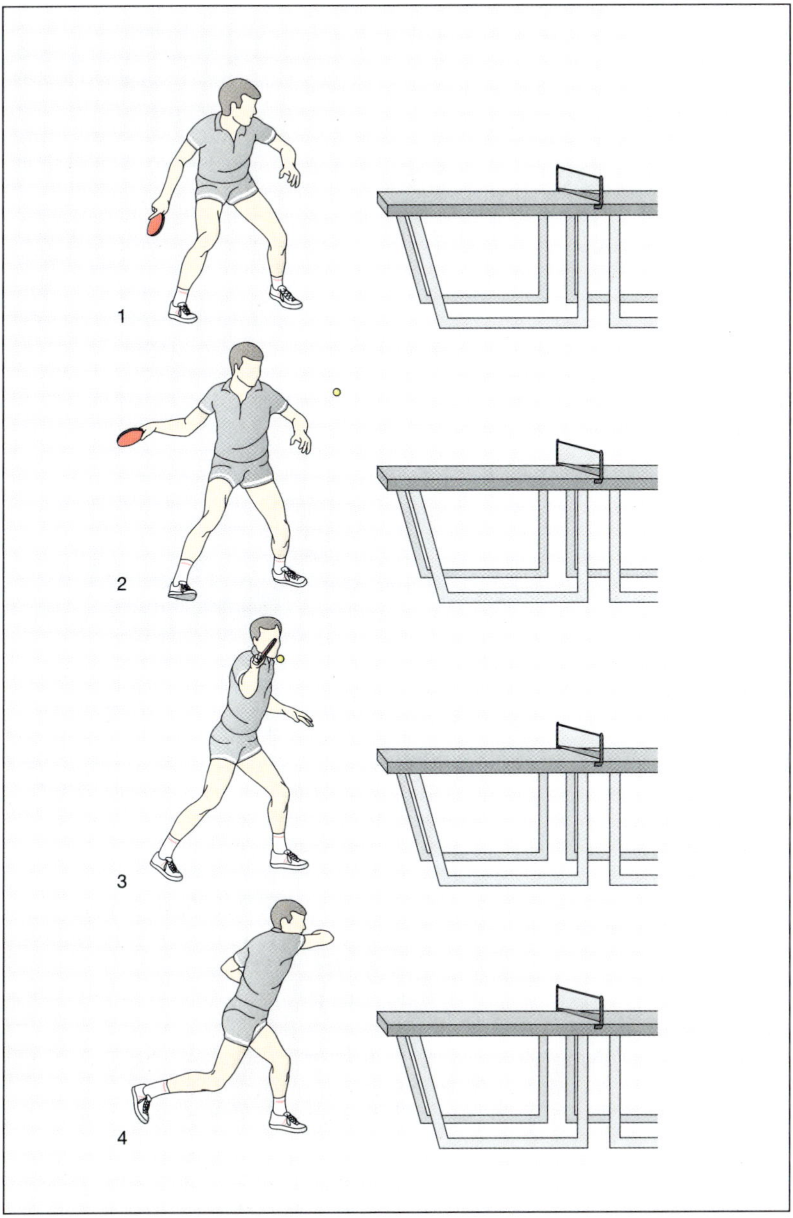

Phasen
des Schmetter-
schlages

1 Ausgangs-
stellung

2 Ausholphase

3 Treffphase

4 Ausschwung-
phase

Die Kupplung
im Auto.
OPEL

Übungsformen

- Den Ball auf den Grundlinienbereich des Tisches fallen lassen und dann im höchsten Punkt schlagen.
- Vom Partner zugespielte Bälle schmettern (Balleimer).
- Mit Ballonschlag zugespielte Bälle schmettern.

Tip
Erst wenn der Bewegungsablauf gut beherrscht wird, sollte mit vollem Krafteinsatz gespielt werden.

Fehler-Fehlerkorrektur

● *Ball geht ins Netz*
▶ Schlägerblatt nicht zu stark schließen.
▶ Bewegung des Schlagarmes nach vorn richten.
▶ Ball im höchsten Punkt treffen.
● *Ball geht über die Grundlinie*
▶ Schlägerblatt schließen.
▶ Ball im höchsten Punkt treffen.
● *Ball geht über die Seitenlinie*
▶ Seitliche Stellung zum Ball einnehmen.

Schmetterschlag bei Doppelsituation

Phasen des VH-Treibschlages
1 Ausholphase
2 Treffphase
3 Ausschwungphase

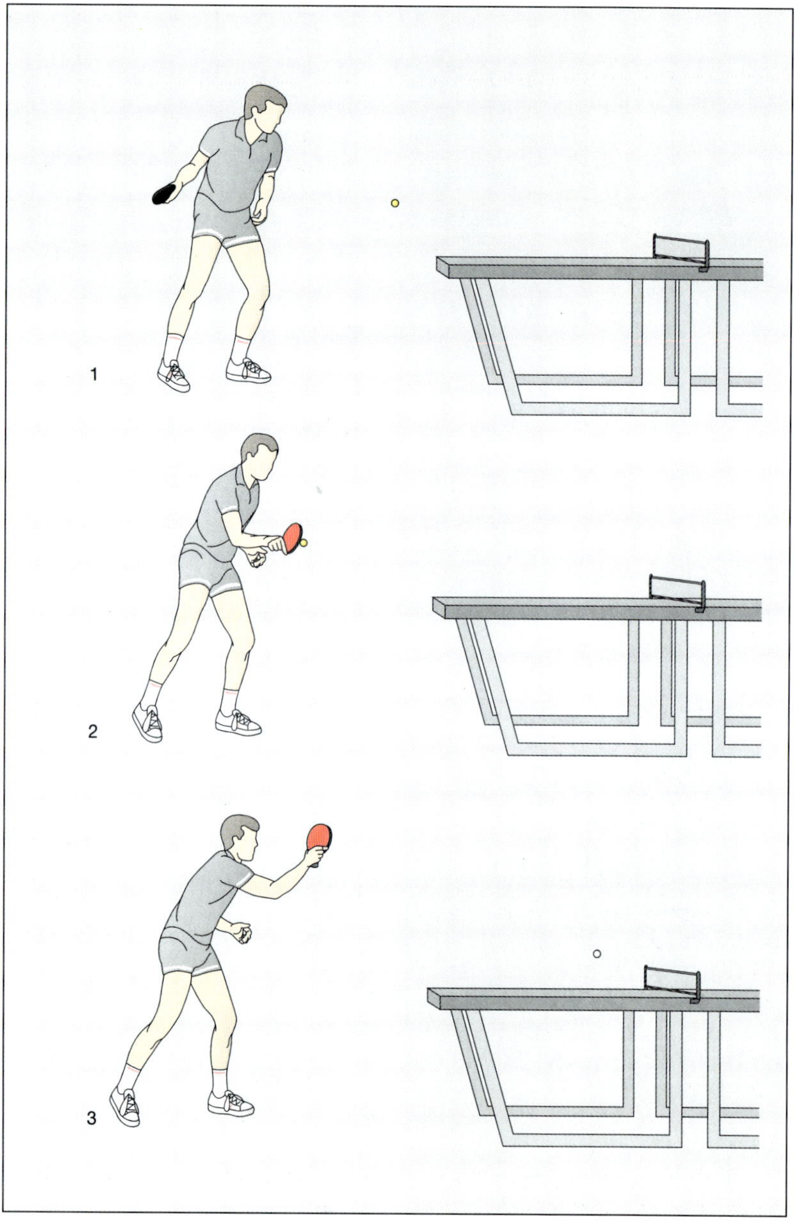

Treibschlag

Wichtig: Der Treibschlag wird als Vorbereitung für einen Schmetterschlag angewandt. Sicherheit und Zielgenauigkeit sind daher vorrangig.
Er wird insbesondere von Anfängern als Vorstufe zum Topspinschlag angewendet.

Technik
Die Bewegung ist lang und relativ langsam.

Ausgangsstellung
Ca. 1–2 m vom Tisch.
VH: Seitliche Stellung zum Ball, linker Fuß eine Schrittlänge vor dem rechten.
RH: Frontale Stellung zum Tisch, Fußstellung parallel.

Ausholphase
VH: Der leicht angewinkelte Schlagarm schwingt nach hinten-unten. Ende der Ausholphase: zwischen Hüft- und Kniehöhe. Während dieser Armbewegung verlagert sich das Körpergewicht auf das hintere Bein, wobei eine leichte Körperverwringung nach rechts erfolgt.
RH: Der Schlagarm wird bis vor die linke Hüfte geführt und dabei im Ellenbogen gebeugt. Das Körpergewicht verlagert sich leicht auf das linke Bein.

Schlag-/Treffphase
Die Schlagbewegung verläuft von hinten-unten nach vorne-oben, der Schlagarm wird dabei gebeugt (VH) bzw. gestreckt (RH). Beim VH-Treibschlag wird die Armbewegung durch eine Oberkörperdrehung in die Schlagrichtung unterstützt, beim RH-Schlag findet eine Gewichtsverlagerung auf das rechte Bein statt. Der Ball wird in seiner fallenden Phase seitlich vor (VH) oder frontal vor (RH) dem Körper getroffen.

Ausschwungphase
VH/RH: Der Arm schwingt nach vorne-oben aus.

Stellung des Schlägerblattes
Die Schlägerblattstellung ist senkrecht bis leicht geschlossen.

Übungsformen
- Ball aus Kopfhöhe auf den Boden fallen lassen und langsam hoch über das Netz spielen.
- Zugespielte Bälle mit dem Treibschlag retournieren (Balleimer).
- Mit Schupf- oder Unterschnittschlag zugespielte Bälle zurückspielen.

Fehler-Fehlerkorrektur
- *Ball geht ins Netz*
  - ▶ Schlägerblatt nicht so sehr schließen.
  - ▶ Längere Bewegung des Schlagarmes.
  - ▶ Auf Körperbewegung achten.
- *Ball geht über die Grundlinie*
  - ▶ Schlägerblatt schließen.
- *Ball geht über die Seitenlinie*
  - ▶ Seitliche Stellung zum Ball einnehmen.

Phasen des RH-Treibschlages
1 Ausholphase
2 Treffphase
3 Ausschwung-phase

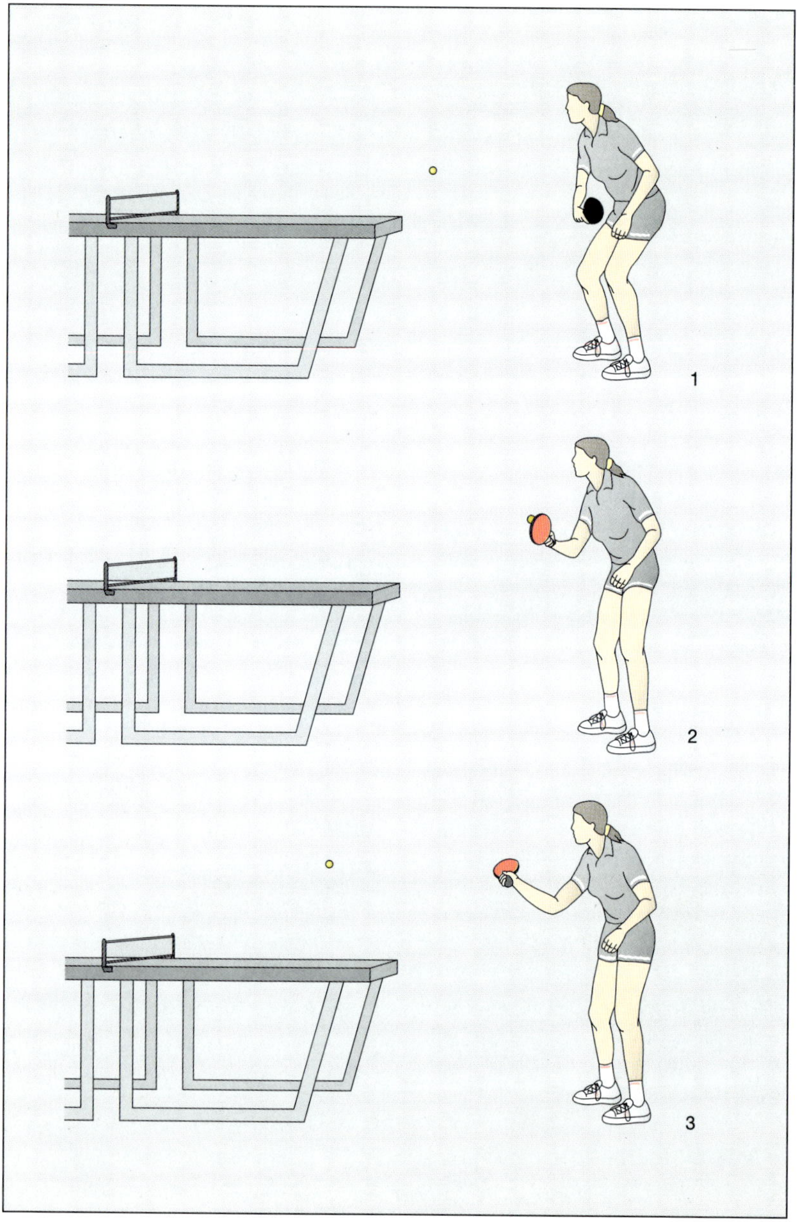

Butterfly

Topspinschlag

Vorbemerkung

Bei den Topspinschlägen wird der Ball vom Schläger nicht »voll« getroffen, sondern extrem »angerissen«. Er erhält dadurch eine enorme Vorwärtsrotation. Ein Topspinschlag kann in jeder Phase der Flugbahn des Balles gespielt werden. Es bietet sich wegen der verschiedenen Bewegungsstruktur eine grundsätzliche Unterscheidung des »späten« Topspinschlages vom »frühen« Topspinschlag an. Topspinschläge erfordern eine gute Beinarbeit und einen besonders schnell kräftigen Bewegungsablauf des Schlagarmes. Neben einer schnellen, schwunghaften Armbewegung ist auch eine extrem mitgehende Bewegung des Körpers von größter Wichtigkeit.

»Später« Topspinschlag

Wichtig: Mit diesem Schlag versucht man, den größten Teil der Kraft in eine Vorwärtsrotation des Balles umzusetzen. Die Geschwindigkeit des Balles ist daher relativ gering und die Flugbahn hoch. Doch darf man sich nicht täuschen lassen! Nach dem Aufsprung auf die Tischoberfläche wird der Ball sehr schnell und die Flugbahn flach.

Technik

Die Bewegung ist lang und schnell. Sie sollte möglichst in einer schiefen Ebene erfolgen.

Ausgangsstellung

VH: Extrem seitliche Stellung zum Ball. Der Körper steht in einem Winkel von 90° zur Grundlinie. Die Füße stehen weit auseinander, der linke vor dem rechten.
RH: Grundsätzlich frontale Stellung zum Ball, parallele Fußstellung.

Ausholphase

VH: Der Schlagarm schwingt nach hinten-unten bis etwa in Kniehöhe aus, so daß er fast ganz gestreckt ist. Gleichzeitig vollzieht der Oberkörper eine Drehbewegung nach rechts-unten, wobei die Knie gebeugt werden. Das Körpergewicht verlagert sich während der Ausholphase auf das hintere, rechte Bein.
RH: Der Schlagarm wird nach hinten-unten zwischen die Beine bis Kniehöhe geführt. Die Knie werden dabei leicht gebeugt und das Körpergewicht etwas auf das linke Bein verlagert.

Schlag-/Treffphase

VH: Der Schläger wird relativ steil explosiv nach vorne-oben gezogen, wobei eine schnellkräftige Oberkörperdrehung in Schlagrichtung erfolgt und die Knie gestreckt werden. Kurz vor dem Balltreffpunkt, der in der fallenden Phase seitlich vor dem Körper liegt, wird der Unterarm sehr stark beschleunigt.
RH: Der Schläger wird relativ steil nach vorne-oben geführt, wobei kurz vor dem Balltreffpunkt, der in der fallenden Phase vor dem Körper liegt, der Unterarm beschleunigt

und das Handgelenk eingesetzt wird. (»Bewege den Schläger wie beim Wurf einer Frisbeescheibe«.)

Ausschwungphase
Der Schlagarm wird bei VH bis vor oder über den Kopf durchgeschwungen. Bei RH endet der Armschwung mit der fast vollständigen Streckung des Unterarms rechtsoben in Kopfhöhe. Das Gewicht verlagert sich bei VH auf das linke, bei RH auf das rechte Bein.

Stellung des Schlägerblattes
Die Schlägerblattstellung ist senkrecht bis leicht geschlossen.

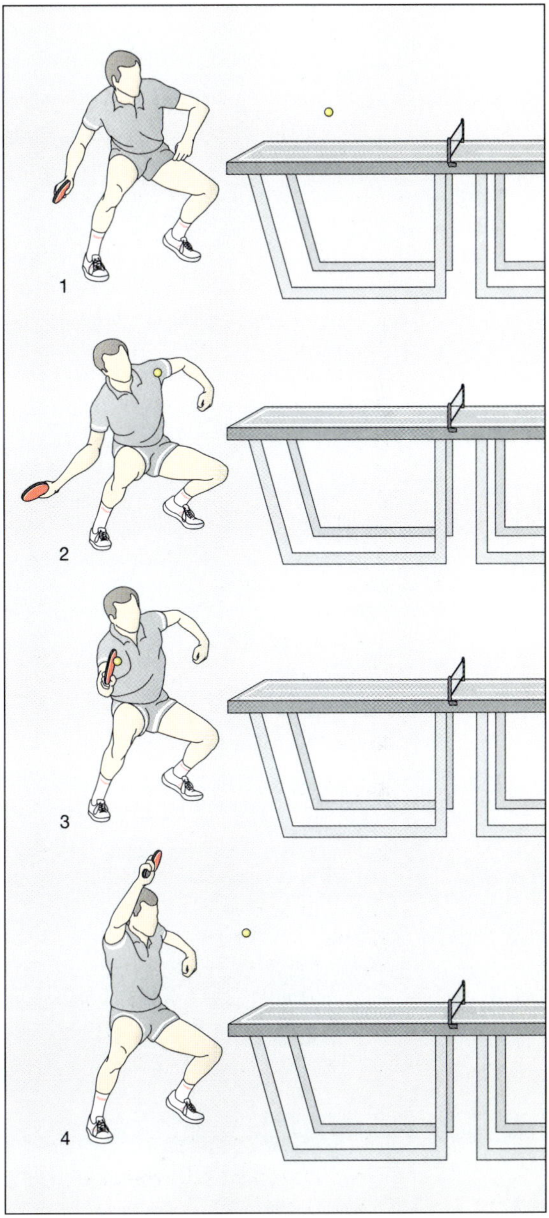

Phasen des »späten« VH-Topspinschlages
1 Anfang der Ausholphase
2 Ende der Ausholphase
3 Treffphase
4 Ausschwungphase

Phasen des »späten« RH-Topspinschlages

1 Ausgangsstellung

2 Ausholphase

3 Kurz vor der Treffphase

4 Ausschwungphase

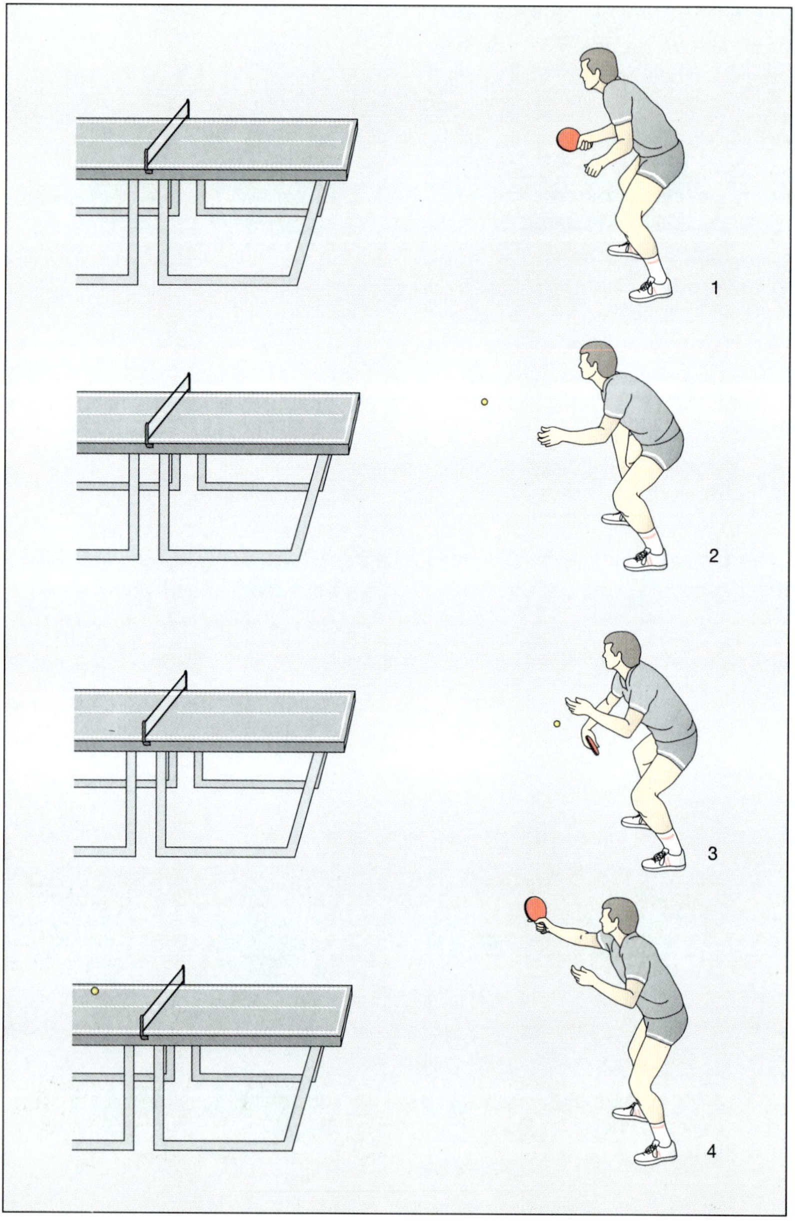

Vorbildlicher RH-Topspinschlag in der Ausschwungphase

Phasen des »frühen« VH-Topspinschlages
1 Kurz vor der Treffphase
2 Kurz nach der Treffphase
3 Ausschwungphase

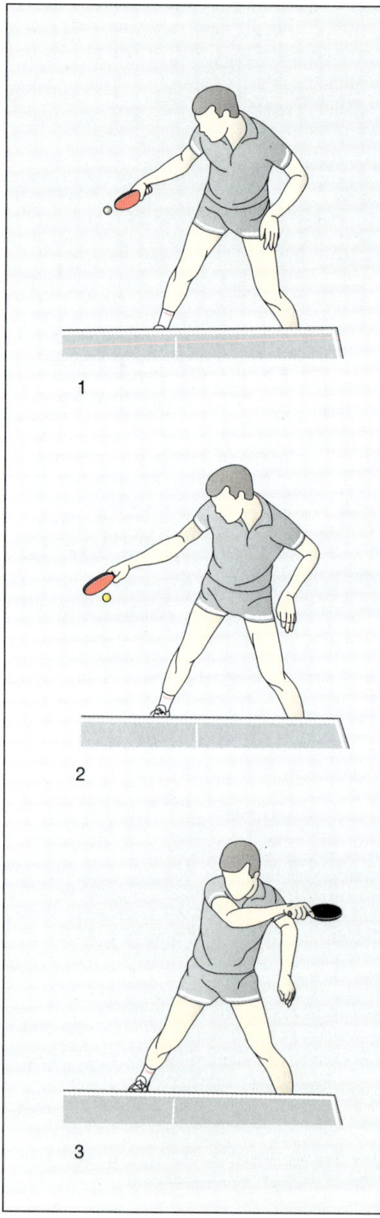

»Früher« Topspinschlag

Wichtig: Beim frühen Topspinschlag erhält der Ball außer einer extremen Vorwärtsrotation auch eine sehr hohe Geschwindigkeit, die Flugbahn ist sehr flach.

Besonders Halbdistanzspieler wenden diese Art des Topspinschlages deshalb als Alternative zum Schmetterschlag an, indem sie versuchen, mit dieser Schlagart direkt zum Punkterfolg zu kommen.

Technik

Die Bewegung des Schlagarmes unterscheidet sich wie folgt von der des »späten« Topspinschlages:

Ausgangsstellung
Siehe »später« Topspinschlag, grundsätzlich näher am Tisch.

Ausholphase
Der Arm schwingt nicht so weit nach unten, sondern mehr nach hinten aus, die Knie werden nicht so stark gebeugt. Am Ende der Ausholphase befindet sich der Schläger etwa in Hüfthöhe (VH) bzw. in Höhe des linken Oberschenkels (RH). Beim RH-Schlag wird der Ellenbogen deutlich nach vorn gebracht, um die nötige Vorspannung zu erzeugen.

Schlag-/Treffphase
Der Ball wird am oder kurz vor dem höchsten Punkt getroffen. Der Schlagarm schwingt flach nach vorne-oben. Die Tief-Hoch Bewegung des Körpers ist minimal, statt dessen wird eine schnellkräftige Hüftdrehung in die Schlagrichtung vollzogen (VH) bzw. erfolgt ein schnellkräftiger Handgelenkeinsatz (RH).

Ausschwungphase
Die Armbewegung endet etwa in Schulter- bis Kopfhöhe.

Stellung des Schlägerblattes
Das Schlägerblatt ist stärker geschlossen als beim »späten«Topspinschlag.

Phasen des »frühen« RH-Topspinschlages
1 Ausholphase
2 Kurz vor der Treffphase
3 Ausschwungphase

1

2

Methodik des Topspinschlages
1 Spiel gegen die Wand
2 Spiel über eine Tischumrandung
3 Topspin nach Zuspiel
4 Topspin aus der Spielsituation

Übungsformen

Wichtig: Zunächst sollte das Erlernen des »späten« Topspinschlages erfolgen. Erst wenn diese Schlagart sicher beherrscht wird, sollte man mit dem Üben des »frühen« Topspinschlages beginnen. Erst den VH-, dann den RH-Topspinschlag üben!

Übungsfolge

- Ball mit senkrechter Schlägerblattstellung hochspielen und am Boden aufspringen lassen.
- Ca. 1 m von der Wand entfernt wird der Ball aus Brusthöhe fallengelassen. Nach Absprung vom Boden wird er durch einen Topspinschlag mit senkrechter Schlägerblattstellung gespielt.
- Der Ball wird über eine Tischumrandung oder eine Zauberschnur in die gegnerische Tischhälfte gespielt.
- Stellspiel: Der Ball wird von einem Spieler wie oben in die gegnerische Tischhälfte gespielt. Der vom Tisch abspringende Ball wird vom Partner im Flug so angenommen, daß er möglichst senkrecht auf den Boden springt (Hochstellen). Nach Einnehmen der korrekten Ausgangsstellung spielt der Partner den Ball mit Topspinschlag über das Netz.
- Aus dem Balleimer zugespielte Bälle mit Topspinschlag retournieren.
- Zur Schulung des RH-Topspinschlages sollten Vorübungen mit

3

4

einer Frisbeescheibe und mit Wurfringen (Ringtennis) durchgeführt werden.

- Weitere Übungsformen siehe Treibschlag.

Beachte: Durch die Möglichkeit, die Geschwindigkeit des Armzuges zu variieren, können Topspinschläge dem Ball eine unterschiedlich starke Rotation verleihen. Dieses taktische Mittel sollte beim Spiel seine Anwendung finden.

Fehler-Fehlerkorrektur

- *Ball geht ins Netz*
- ▶ Schlägerblattstellung beachten.
- ▶ Schnellere Armbewegung durchführen und Körpereinsatz beachten.
- ▶ Schlagarmbewegung von unten nach oben ausführen.
- ▶ Schlagebene beachten! Die Armbewegung muß in einer schiefen Ebene liegen, der Ellenbogen darf am Ende der Bewegung nicht höher als der Schläger sein.
- *Ball geht über die Grundlinie*
- ▶ Schlägerblatt schließen.
- *Ball geht über die Seitenlinie*
- ▶ Seitlich zum Ball stellen.
- *Ball erhält zu wenig Rotation*
- ▶ Schlagarm stärker beschleunigen.
- ▶ Oberkörper stärker einsetzen.
- ▶ Schlägerblattstellung am Balltreffpunkt überprüfen, Schläger mehr schließen.
- ▶ Bei RH: Handgelenk einsetzen.

Schläge mit Rückwärtsrotation

Bei folgenden Schlagarten erhält der Ball eine Rückwärtsrotation, die in ihrer Stärke unterschiedlich sein kann:

- Schupfschlag,
- Unterschnittschlag,
- Stoppschlag.

Bis auf den Stoppschlag stellen diese Schlagarten die Grundschläge im Verteidigungssystem dar. Im Halbdistanzsystem werden sie in Verbindung mit den »Angriffsschlagarten« eingesetzt (siehe Kapitel »Taktik«).

Unterschnittschlag in Wettkampfsituation

Schupfschlag

Unterschnitt-
schlag

Stoppschlag

Phasen des VH-Schupfschlages
1 Ausholphase
2 Treffphase
3 Kurz nach der Treffphase
4 Ausschwungphase

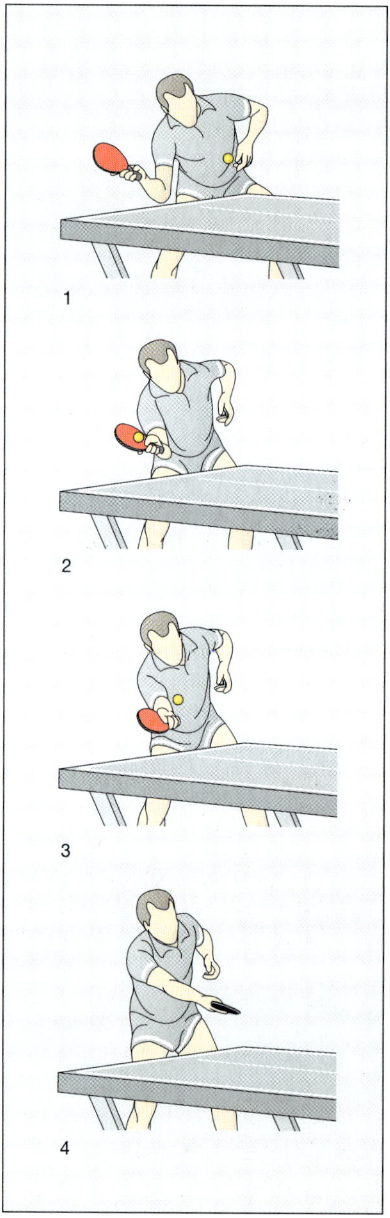

Schupfschlag

Wichtig: Der Schupfschlag wird in allen Spielsystemen angewendet. Er ist in erster Linie ein Sicherheitsschlag.

Tip

- Durch den Schupfschlag will man den Ball im Spiel halten und Fehler vermeiden. Deshalb sollte man ihn »sicher« spielen.
- Erst wenn die Grobform beherrscht wird, sollte man versuchen, die Rückwärtsrotation durch einen Handgelenkeinsatz zu verstärken.

Technik
Die Bewegung ist langsam und mittellang.

Ausgangsstellung
VH: Leicht geöffnete Fußstellung, linker Fuß vor, rechter Fuß zurück. Ausnahme: Muß der Ball in der Nähe des Netzes gespielt werden, steht der rechte Fuß vor dem linken.
RH: Die Füße stehen parallel zur Grundlinie und sind etwa schulterbreit auseinander. Fortgeschrittene sollten den linken Fuß eine Fußbreite vor den rechten stellen, um beim Wechsel auf die VH-Seite schneller agieren zu können.

Ausholphase
VH und RH: Der im Ellenbogengelenk gebeugte Schlagarm wird bei VH nach rechts zur Seite geführt. Bei RH wird der Arm stark gebeugt und bis vor die linke Brust geführt. Das Körpergewicht verlagert sich auf das rechte (VH) bzw. linke (RH) Bein.

Schlag-/Treffphase
Der Ball wird seitlich vor (VH) oder frontal vor dem Körper (RH) frühestens im höchsten Punkt getroffen. Der Schlagarm wird nahezu waagerecht von hinten leicht nach vorne-unten gestreckt.

Ausschwungphase
Nachdem der Ball gespielt ist, wird der Unterarm fast bis zur Streckung nach vorn »geschoben«. Das Körpergewicht verlagert sich bei VH auf das tischnahe, bei RH auf das rechte Bein.

Stellung des Schlägerblattes
Während der gesamten Bewegung bleibt das Schlägerblatt geöffnet.

Übungsformen
- Den Ball aus ca. 50 cm Höhe auf den Tisch springen lassen und mit RH über das Netz schupfen.
- Zugespielte Bälle mit RH zurückschupfen (Balleimer).
- Beide Partner spielen sich den Ball mit RH zu.

Wichtig: Erst wenn der RH-Schupfschlag beherrscht wird, den VH-Schlag üben.

- Dieselben Übungsformen mit der VH ausführen.
- Wechsel von VH und RH.
- Wechsel von kurzem und langem Zuspiel, Wechsel von diagonalem und parallelem Zuspiel.
- Spiel in Zielfelder (z. B. auf der gegnerischen Tischhälfte liegende Schlägertaschen oder andere Gegenstände durch gezielten Schupfschlag treffen).

Fehler-Fehlerkorrektur
● *Ball geht ins Netz*
▶ Schlagarm weit nach vorn durchschwingen. Stellung des Schlägerblattes beachten.
● *Ball geht über die Grundlinie*
▶ Bewegung des Schlagarmes verlangsamen. Weich schlagen!
▶ Ball später treffen!
▶ Schlagarm leicht nach vorne-unten strecken.
● *Ball erhält kaum Rückwärtsrotation*
▶ Stellung des Schlägerblattes beachten, Schlägerblatt öffnen.
▶ Schlagarmbewegung nach vorne ausführen, nicht den Arm anheben.
● *Ball geht über die Seitenlinie*
▶ Korrekte Stellung zum Ball einnehmen. Schlagbewegung nach vorn ausführen. Ausschwungbewegung beachten.

Phasen des RH-Schupfschlages

1 Ausgangsstellung

2 Ausholphase

3 Treffphase

4 Ausschwungphase

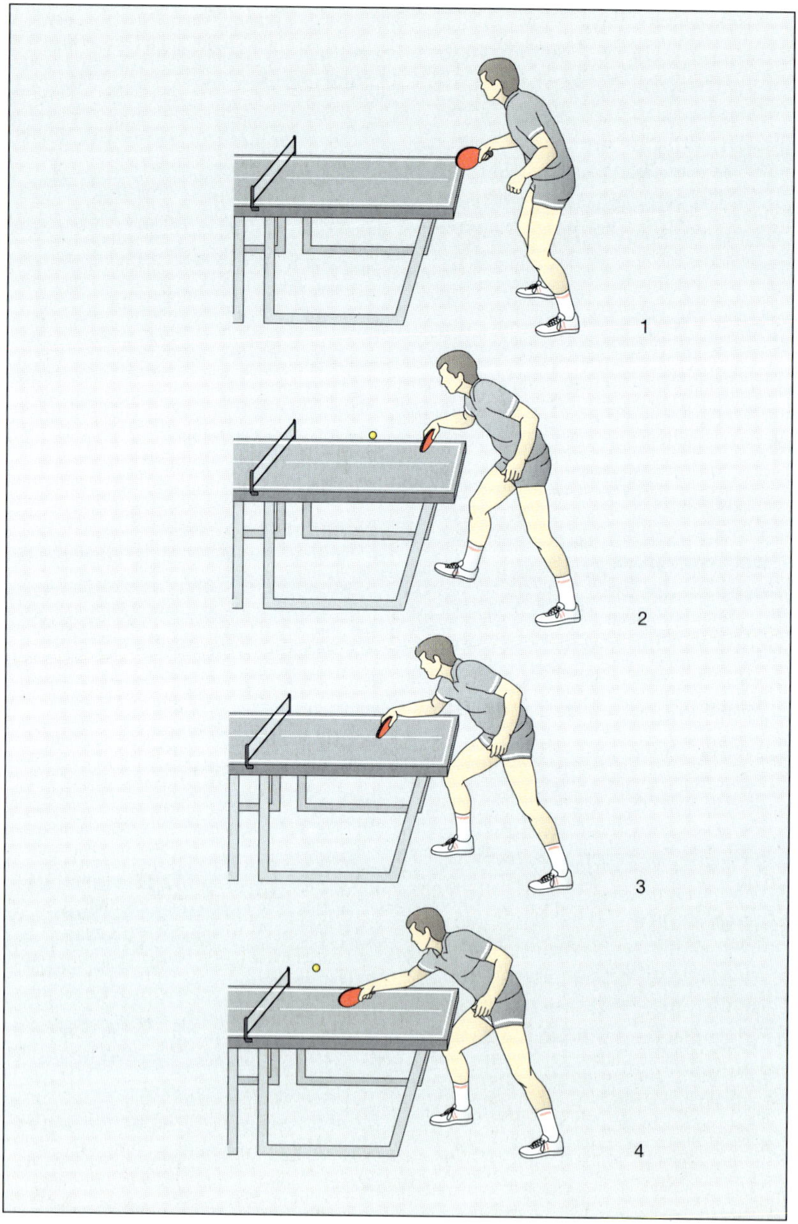

Variationsmöglichkeiten

- Ein Angriffsspieler setzt den Schupfschlag häufig als Return auf kurze Aufschläge ein. Wird der Schlag dabei alternativ zum Flipschlag ausgeführt, muß er »aggressiv«, d. h. schnell und mit viel Rückwärtsrotation gespielt werden. Die Unterarmbewegung ist dann kurz und schnell, und der Handgelenkeinsatz ist sehr stark ausgeprägt.
  Den Ball spätestens im höchsten Punkt treffen.
- Anfänger können den Schupfschlag zunächst ohne Rotation spielen. Die Schlägerstellung ist dabei senkrecht.

Perfektion beim Schupfschlag

Phasen des VH-Unterschnittschlages
1 Ballerwartung
2 Treffphase
3 Ausschwungphase

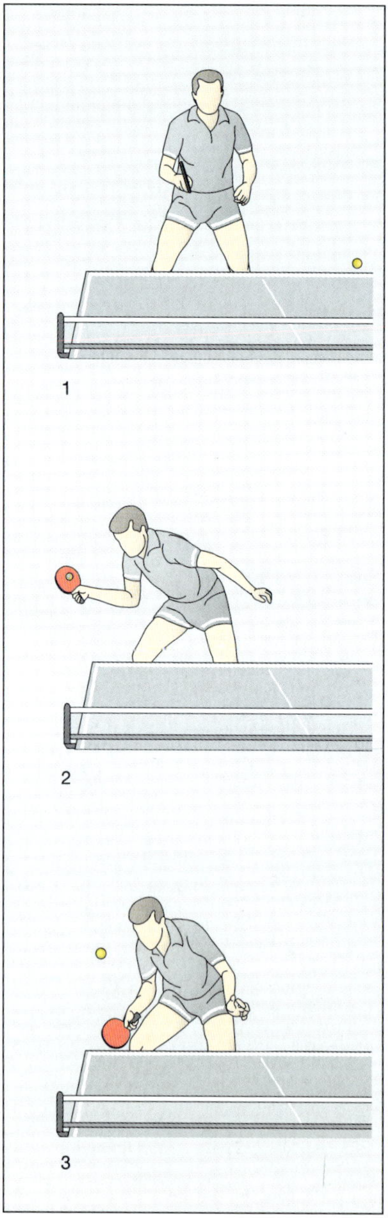

Unterschnittschlag

Technik
Die Bewegung des Schlagarmes ist lang.

Ausgangsstellung
VH: weite Schrittstellung, linker Fuß vor, rechter zurück.
RH: weite Schrittstellung, rechter Fuß vor, linker zurück.

Ausholphase
VH und RH: Der Arm wird nach hinten-oben bis ca. Schulterhöhe geführt, wobei er im Ellenbogen stark gebeugt wird (relativ spitzer Winkel zwischen Ober- und Unterarm). Das Körpergewicht verlagert sich hierbei auf das hintere Bein.

Schlag-/Treffphase
Der Ball wird seitlich vor dem Körper in der fallenden Phase etwa in Tischhöhe getroffen. Der Schlagarm wird während der Schlagphase durch eine Streckbewegung nach vorne-unten geführt. Hierbei wird das Körpergewicht auf das vordere Bein verlagert. Außerdem vollzieht der Körper eine Hoch-Tief-Bewegung, man »geht in die Knie«.

Ausschwungphase
Der Arm wird fast ganz gestreckt, der Körperschwerpunkt befindet sich am Ende der Ausschwungphase auf dem vorderen Bein.

Stellung des Schlägerblattes
Das Schlägerblatt ist geöffnet.

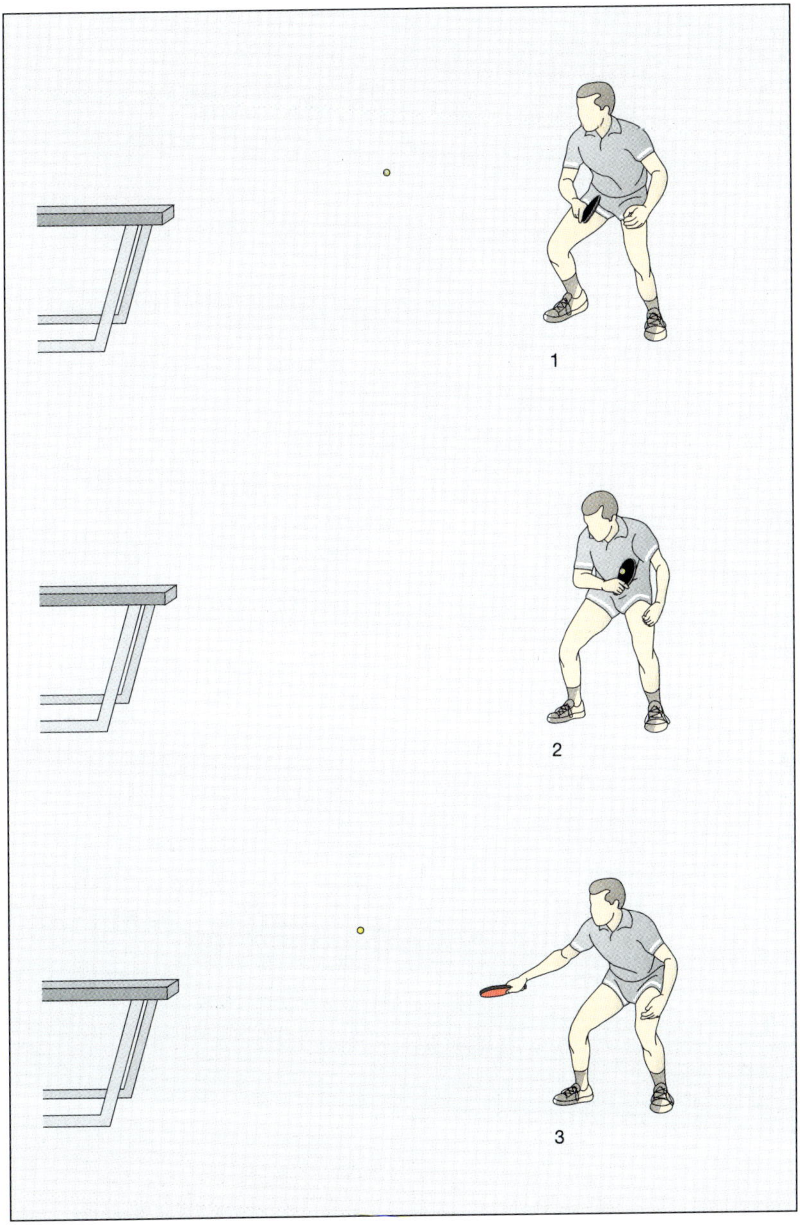

Phasen des RH-Unterschnittschlages
1 Ausgangsstellung
2 Treffphase
3 Ausschwungphase

Extremste Form bei der Durchführung eines Unterschnittschlages.
Beachte: Trotz dieser äußerst schwierigen Situation wird die Technik fehlerfrei und ohne Verkrampfung durchgeführt

Übungsformen

- Aus dem Balleimer zugespielte Bälle mit Vorwärtsrotation mit Unterschnitt zurückspielen.
- Mit Treib-/Topspinschlag gespielte Bälle des Partners retournieren.
- Wechsel von diagonal und parallel gespielten Unterschnittschlägen.
- Wechsel von VH- und RH-Spiel.
- Wechsel von Schupf- und Unterschnittschlag. Der Partner spielt dabei abwechselnd mit Treib- bzw. Topspinschlag und Schupfschlag zu.

Fehler-Fehlerkorrektur

- *Ball geht ins Netz*
- ▶ Schlägerblatt öffnen.
- ▶ Schlagarmbewegung stärker nach vorn-unten ausführen.
- ▶ Gewichtsverlagerung beachten.
- *Ball geht über die Grundlinie*
- ▶ Ball später treffen.
- ▶ Bewegung des Schlagarmes stärker von oben nach unten ausführen.
- *Ball geht über die Seitenlinie*
- ▶ Auf die seitliche Stellung zum Ball achten.
- ▶ Bewegung des Schlagarmes netzwärts ausrichten.
- *Ball erhält kaum Rückwärtsrotation*
- ▶ Schlägerblatt öffnen, Ball tangential treffen.
- ▶ Bewegung des Schlagarmes von hinten-oben nach vorne-unten durchführen, nicht am Balltreffpunkt nach vorne »auspendeln«.

Variationsmöglichkeiten

1. »Früher« Unterschnittschlag
   Wird der Ball in der eigentlichen »Angriffszone« mit Unterschnittschlag gespielt, wird er am Anfang der fallenden Phase oder im höchsten Punkt getroffen.
   Dabei muß die Schlagarmbewegung:
   - steiler von oben nach vorne-unten erfolgen,
   - kürzer und schneller sein,
   - mit zusätzlichem Handgelenkeinsatz erfolgen.
2. »Fintierter« Unterschnittschlag
   Der Arm wird in der Schlagphase nicht geradlinig nach vorne-unten geführt, sondern »pendelt« kurz vor dem Balltreffpunkt nach vorne aus. Dies hat zur Folge, daß der Ball fast voll getroffen wird und kaum Rückwärtsrotation erhält.
3. Beim VH-Unterschnittschlag wird das Körpergewicht auf das rechte Bein verlagert und befindet sich schon während der Treffphase auf dem »falschen« Bein.
   Diese Variante wird vor allem dann angewendet, wenn man einen weit in die VH-Seite plazierten Ball spielen muß.

Phasen des VH-Stoppschlages
1 Ausgangsstellung
2 Anfang der Schlagphase
3 Treffphase
4 Ausschwungphase

Stoppschlag

Wichtig: Der Stoppschlag wird angewandt, um den Gegner

- zum Laufen zu bringen,
- im Spielrhythmus zu stören oder um
- direkt einen Punkt zu erzielen.

Bei einem wirkungsvollen Stoppschlag muß deshalb der Ball möglichst kurz hinter dem Netz plaziert werden. Diese Schlagart erfordert aus diesem Grund sehr viel Ballgefühl und kann erst von Fortgeschrittenen und Könnern wirkungsvoll gespielt werden.

Tip
Könner sollten den Stoppschlag so ausführen, daß er im Ansatz schwer erkennbar ist. Man täuscht deshalb den Bewegungsablauf eines Angriffsschlages vor, um dann den Gegner mit einem Stoppschlag zu überraschen. Deshalb ist der Stopp ein »Fintenschlag«.

Technik
Die Bewegung ist relativ langsam und kurz.

Ausgangsstellung
Siehe Schupfschlag.

Ausholphase
VH und RH: Der Arm wird kurz nach hinten geführt und im Ellenbogen gebeugt, wobei das Schlägerblatt in die geöffnete Stellung gebracht wird.

Schlag-/Treffphase
Der Schlagarm wird im Ellenbogengelenk gestreckt. Die Bewegung verläuft waagerecht von hinten nach vorne. Der Ball wird seitlich (VH) oder frontal vor (RH) dem Körper in der steigenden Phase getroffen. Das Körpergewicht verlagert sich während der Schlagphase nach vorne, indem das rechte Bein einen Schritt vorgesetzt wird.

Ausschwungphase
Bei dieser Schlagart ist nur eine ganz kurze Ausschwungbewegung zu verzeichnen. Nach der Treffphase wird die Schlagbewegung stark abgebremst.

Stellung des Schlägerblattes
Das Schlägerblatt ist geöffnet.

Übungsformen

- Den Ball in der eigenen Tischhälfte fallen lassen und unmittelbar nach dem Aufspringen spielen.
- Vom Partner zugespielte Bälle »stoppen« (Balleimer).

Merke: Bei einem guten Stoppschlag muß der Ball mindestens zweimal in der gegnerischen Hälfte aufspringen, bevor er über die Grundlinie ins Aus geht.

- Mit einem Schupfschlag zugespielte Bälle stoppen.
- Wechsel von Treibschlag und Stopp. Der Partner retourniert mit Unterschnitt- bzw. Schupfschlag.

Fehler-Fehlerkorrektur

- *Ball geht ins Netz*
- ▶ Schlägerblatt öffnen.
- ▶ Ball früher treffen.
- *Ball geht über die Grundlinie*
- ▶ Schlägerblattstellung beachten.
- ▶ Schlagarmbewegung kürzer und langsamer ausführen.
- *Ball geht über die Seitenlinie*
- ▶ Ausgangsstellung beachten.
- ▶ Schlagarm netzwärts nach vorn schwingen.

Perfekte Ausführung eines VH-Stoppschlages

OPEL
schöler
micke
JOOLA

Spezialschläge

In diesem Kapitel werden folgende Schläge behandelt:

- **Sidespinschlag**
- **Ballonschlag**
- **Flipschlag**
- **Blockschlag.**

Diese Schlagarten werden sowohl im Angriffs- als auch im Halbdistanzsystem angewendet. Ballon- und Blockschläge gehören auch zum Schlagrepertoire eines Abwehrspielers. Die Spezialschlagarten stellen an den Spieler sehr hohe Anforderungen im technischen und konditionellen Bereich. Sie sollten vor allem vom Fortgeschrittenen und vom Könner trainiert werden. Ohne ihre Anwendung kann man im Leistungssport nicht mehr erfolgreich sein. Aber auch der Anfänger sollte sie in der Grobform erlernen.

Sidespinschlag

links:
Ballonschlag
rechts:
Blockschlag

Flipschlag

Sidespinschlag

Dieser Schlag wird **nur** mit VH gespielt. Er ist außerordentlich wirkungsvoll, aber auch schwierig auszuführen.

Technik
Die Bewegung des Schlagarmes ist lang und schnell.

Ausgangsstellung
Leichte Schrittstellung, linker Fuß vor dem rechten.

Ausholphase
Der Arm schwingt weit nach hinten-unten bis hinter den Rücken aus und wird nahezu gestreckt. Wichtig: Das Schlägerblatt zeigt nach unten. Der Oberkörper wird nach rechts gedreht (Oberkörperverwringung), und das Körpergewicht verlagert sich auf das rechte, hintere Bein.

Schlag-/Treffphase
Der Schlagarm wird bogenförmig nach vorne-oben geführt und von einer explosiven Rumpfdrehung aus der Hüfte begleitet. Kurz vor dem Balltreffpunkt, der in der fallenden Phase seitlich vor dem Körper liegt, erfolgt ein schnellkräftiger Unterarmeinsatz. Während der Treffphase befindet sich das Körpergewicht auf dem rechten Bein.

Ausschwungphase
Der Bewegungsschwung wird auf dem linken, vorderen Bein abgefangen. Der Schlagarm wird zunehmend gebeugt und in Richtung linke Schulter durchgeschwungen.

Stellung des Schlägerblattes
Das Schlägerblatt ist senkrecht bis halb geschlossen.

Übungsformen
- Den Ball aus Kopfhöhe auf den Boden fallen lassen und aus der Bewegung dem Partner zuspielen (ohne Tisch).
- Der Partner spielt Bälle zu, die über die Seitenlinie hinausspringen. Die Bälle werden mit Sidespinschlag retourniert, indem man vorher um die Tischecke läuft.
- Weitere Übungsformen: siehe Topspinschlag.

Fehler-Fehlerkorrektur
- *Ball geht ins Netz*
- ▶ Ausholbewegung verlängern.
- ▶ Armbewegung schwungvoller ausführen.
- *Ball geht über die Grundlinie*
- ▶ Schlägerblatt schließen.
- ▶ Ball in der fallenden Phase treffen.
- *Ball geht über die Seitenlinie*
- ▶ Ausgangsstellung beachten.
- *Ball erhält keine Seitenrotation*
- ▶ Auf bogenförmige Bewegung des Schlagarmes achten, Ball seitlich tangieren.

Phasen des Sidespinschlages

1 Ausholphase

2 Kurz vor der Treffphase

3 Kurz nach der Treffphase

4 Ausschwungphase

Phasen des RH-Ballonschlages
1 Grundposition
2 Kurz vor der Treffphase
3 Treffphase
4 Ausschwungphase

1

2

Ballonschlag

Wichtig: Der Ballonschlag wird angewendet, um einen Schmetterschlag zu retournieren. Der Spieler befindet sich weit hinter der Grundlinie. Um den Ballonschlag erfolgreich spielen zu können, ist vor allem eine gute Beinarbeit erforderlich.

Technik
Die Bewegung ist lang und verläuft steil von hinten-unten nach vorne-oben.

Ausgangsstellung
VH: Weite Schrittstellung, linker Fuß vor dem rechten.
RH: Schrittstellung, rechter Fuß etwas vor dem linken.

Ausholphase
VH und RH: Der Arm schwingt nach hinten-unten bis etwa Kniehöhe aus. Der Körper vollzieht eine Hoch-Tief-Bewegung, indem die Knie gebeugt werden. Das Körpergewicht verlagert sich auf das hintere Bein.

Schlag-/Treffphase
Der Schlagarm wird steil nach vorne-oben geführt, wobei die Beine in

3

4

den Knien gestreckt werden und der Oberkörper sich aufrichtet. Der Ball wird in der fallenden Phase etwa in Hüfthöhe seitlich neben (VH) bzw. vor (RH) dem Körper getroffen.

Ausschwungphase
VH und RH: Der Arm schwingt bis über Kopfhöhe aus, das Körpergewicht verlagert sich auf das vordere Bein.

Stellung des Schlägerblattes
Die Schlägerblattstellung kann geöffnet bis leicht geschlossen sein (siehe Variationsmöglichkeiten).

Übungsformen
- Den Ball hochwerfen und ihn nach dem Aufspringen auf dem Boden dem Partner mit Ballonschlag zuspielen.
- Zugespielte Bälle mit Ballonschlag zurückspielen (Balleimer).
- Vom Partner mit Treibschlag zugespielte Bälle mit Ballonschlag retournieren.
- Vom Partner mit Schmetterschlag zugespielte Bälle mit Ballonschlag retournieren.
- Wechsel von VH- und RH-Ballonschlag.
- Wechsel von diagonalem und parallelem Ballonschlag.

Phasen des VH-Ballonschlages
1 Ausholphase
2 Treffphase
3 Ausschwungphase

Fehler-Fehlerkorrektur

- *Ball geht ins Netz*
- ▶ Längere Bewegung des Schlagarmes.
- ▶ Auf die korrekte Körperbewegung achten.
- *Ball geht über die Grundlinie*
- ▶ Schlagarmbewegung steiler nach oben ausrichten.
- ▶ Bewegung langsamer ausführen.
- *Ball geht über die Seitenlinie*
- ▶ Seitliche Stellung zum Ball einnehmen.

Tip

Zwei Grundsätze sollten beachtet werden:

- Der Ball muß möglichst hoch gespielt werden.
- Der Ball muß möglichst in den gegnerischen Grundlinienbereich plaziert werden. Dadurch wird ein gefährlicher Rückschlag des Gegners nur bedingt gegeben sein.

Extremsituation beim Ballonschlag

Variationsmöglichkeiten

1. Der Ball erhält kaum Vorwärtsrotation. Wird der Schlag aus einer »bedrängten« Situation heraus angewendet, kann er so gespielt werden, daß der Ball keine oder kaum Vorwärtsrotation erhält. Dazu wird das Schlägerblatt am Balltreffpunkt geöffnet. Die Bewegung ist relativ langsam.
2. Der Ball erhält starke Vorwärtsrotation. Soll der Rückschlag des Gegners besonders erschwert werden, wird der Schlag so ausgeführt, daß der Ball starke Vorwärtsrotation erhält. Dazu muß die Schlägerblattstellung am Balltreffpunkt senkrecht bis leicht geschlossen sein. Die Bewegung erfolgt mit explosivem Unterarmeinsatz.

Flipschlag

Der Flipschlag wird eingesetzt, wenn man kurz hinter dem Netz plazierte Bälle mit einem Angriffschlag retournieren will. Um den Flip erfolgreich spielen zu können, ist Handgelenk-Beweglichkeit erforderlich.

Technik
Die Bewegung ist kurz und schnell.

Ausgangsstellung
(VH und RH): Der rechte Fuß steht grundsätzlich vor dem linken, um auch kurz plazierte Bälle retournieren zu können.

Ausholphase
Bei diesem Schlag ist praktisch keine Ausholbewegung zu verzeichnen. Allerdings wird dieser Schlag durch eine »Vorbereitungsphase« eingeleitet, die als Angleitbewegung bezeichnet werden kann. Hierbei wird aus der allgemeinen Grundstellung bei VH und RH der rechte Fuß aktiv weit nach vorne gesetzt.

Schlag-/Treffphase
Während der Angleitphase werden die rechte Schulter und der Schlagarm nach vorne geführt, so daß der Arm fast gestreckt ist. Die eigentliche Schlagbewegung ist sehr kurz. Dabei vollzieht der Unterarm eine schnelle Dreh-Kipp-Bewegung mit zusätzlichem Handgelenkeinsatz. Der Ball wird am höchsten Punkt vor dem Körper getroffen. Kurz vor dem Treffpunkt ist das Schlägerblatt geöffnet.

Ausschwungphase
Die Ausschwungphase ist sehr kurz. Der Schlagarm ist in der Endphase der Bewegung etwas gestreckt, das Handgelenk ist abgewinkelt und das Schlägerblatt befindet sich in der geschlossenen Stellung. Das Körpergewicht ist auf das rechte Bein verlagert und der Oberkörper gegebenenfalls stark nach vorne gebeugt.

Stellung des Schlägerblattes
Das Schlägerblatt ist beim Ballkontakt senkrecht bis halb geschlossen.

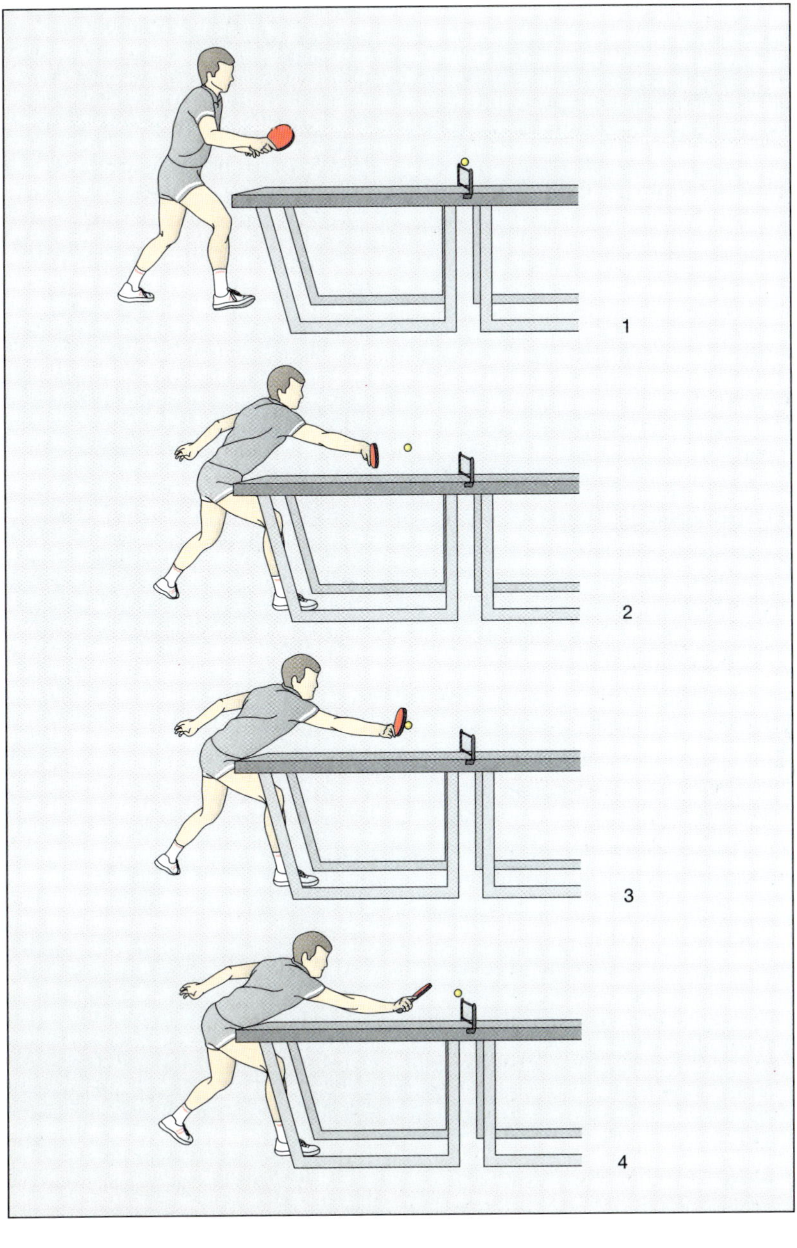

Phasen des VH-Flipschlages
1 Vorbereitungsphase
2 Kurz vor der Treffphase
3 Treffphase
4 Ausschwungphase

Übungsformen

- Vom Partner kurz zugespielte Bälle zurückflippen (Balleimer).
- Vom Partner kurz servierte Aufschläge ohne Drall flippen.
- Desgleichen, der Partner spielt Aufschläge mit Rückwärtsdrall.
- Vom Partner mit Schupfschlag zugespielte Bälle flippen.
- Wechsel von VH- und RH-Flip.
- Wechsel von diagonalem und parallelem Spiel.
- Wechsel von Schupfschlag und Flip.

Fehler-Fehlerkorrektur

- *Ball geht ins Netz*
- ▶ Schlagbewegung früher einleiten, den Ball im höchsten Punkt treffen.
- ▶ Schlägerblatt vor dem Balltreffpunkt öffnen.
- ▶ Schlagarmbewegung schneller ausführen.
- *Ball geht über die Grundlinie*
- ▶ Handgelenkeinsatz beachten.
- ▶ Schlagbewegung kürzer und schneller ausführen.
- *Ball geht über die Seitenlinie*
- ▶ Ausgangsstellung beachten.
- ▶ Schlagarmbewegung netzwärts richten.

Vorbildliche Ausführung eines VH-Flipschlages

Blockschlag

Beim Blockschlag unterscheiden wir zwischen passivem Blockschlag und aktivem Blockschlag. Während beim passiven Blockschlag keine bzw. nur eine kaum sichtbare Bewegung des Schlagarmes bei der Treffphase zu sehen ist, kommt es beim aktiven Blockschlag zu einer kurzen Bewegung des Armes. Blockschläge werden sowohl im Angriffs-, Halbdistanz- und Verteidigungssystem eingesetzt.

Technik des passiven Blockschlages

Ausgangsstellung
VH: Schulterbreit geöffnet, linker Fuß etwas vor dem rechten.
RH: Schulterbreit geöffnet, grundsätzlich parallele Fußstellung. Bei Angriffsspielern kann grundsätzlich der linke Fuß etwas vor dem rechten stehen.

Bewegungsbeschreibung
Bei dieser Technik findet keine Schlagarmbewegung im Moment des Ballkontaktes statt. Eine klare Phasenstruktur der Bewegung ist aus diesem Grund nicht gegeben. Man führt den Schläger zum erwarteten Balltreffpunkt (Antizipation!) und läßt den ankommenden Ball vom passiv gehaltenen Schläger »abprallen«. Dabei muß der Ball in der steigenden Phase seitlich vor (VH) oder frontal vor (RH) dem Körper getroffen werden.

Stellung des Schlägerblattes
Das Schlägerblatt ist je nach der Stärke der Vorwärtsrotation des einfliegenden Balles senkrecht bis stark geschlossen.

Beachte: Beim VH-Block, der körpernah gespielt wird, zeigt der Schlägerkopf nach schräg oben bis oben.

Tip
Wenn man rasant geschlagene Topspinbälle blocken will, ist es ratsam, den Schlägergriff nur locker zu umfassen.

VH-Blockschlag

RH-Blockschlag

Technik des aktiven Blockschlages
Der aktive Blockschlag ähnelt einem »verkürzten« Konterschlag.

Ausgangsstellung
Wie passiver Blockschlag.

Ausholphase
VH und RH: keine.

Schlag-/Treffphase
Der Schlagarm schwingt kurz vor dem Balltreffpunkt von hinten nach vorne. Die Bewegung erfolgt aus dem Unterarm, wobei sie beim RH-Schlag durch Handgelenkeinsatz unterstützt wird. Sie ist sehr kurz. Der Ball wird unmittelbar nach dem Aufsprung seitlich vor (VH) oder frontal vor (RH) dem Körper getroffen. Das Körpergewicht verlagert sich leicht nach vorne.

Ausschwungphase
Sie ist sehr kurz und verläuft waagerecht nach vorne.

Stellung des Schlägerblattes
Wie passiver Block.

Wichtig: Der aktive Block wird immer dann eingesetzt, wenn der ankommende Ball keine ausreichende Geschwindigkeit hat. Durch das aktive Blocken kann man solche Bälle hervorragend retournieren.

Übungsformen:
- Schnelle Aufschläge mit Vorwärtsrotation blocken.
- Die vom Partner mit Treibschlag zugespielten Bälle blocken.
- Wechsel von VH- und RH-Block.
- Wechsel von diagonalem und parallelem Zuspiel.
- Wechsel von Konterschlag und Block.
- Vom Partner mit Topspinschlag zugespielte Bälle blocken.

Fehler-Fehlerkorrektur
- *Ball geht ins Netz*
- ▶ Schlägerblatt senkrecht stellen.
- *Ball geht über die Grundlinie*
- ▶ Schlägerblatt schließen.
- ▶ Keine Schlagarmbewegung ausführen.
- *Ball geht über die Seitenlinie*
- ▶ Stellung zum Ball beachten.

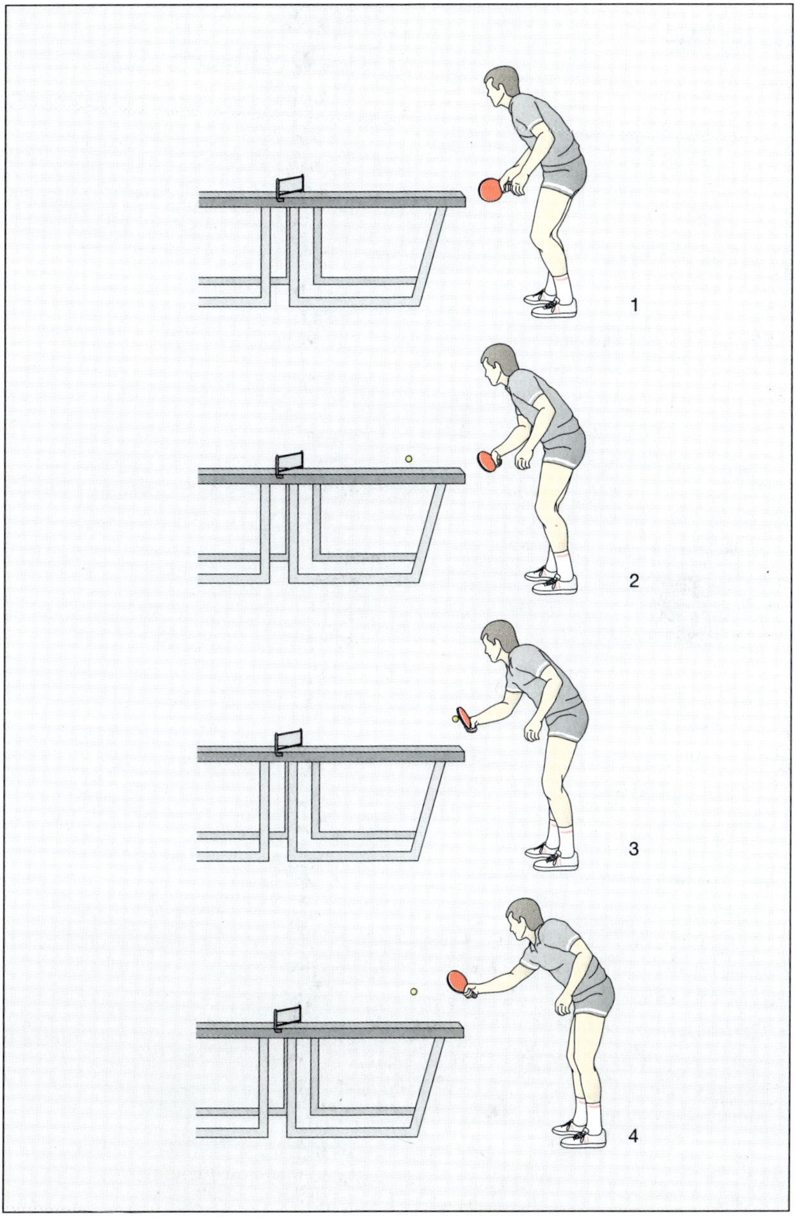

Phasen des aktiven RH-Blockschlages

1 Ausgangsstellung

2 Vor der Treffphase

3 Treffphase

4 Ausschwungphase

Taktik

Allgemeine Grundsätze

Definition

Unter Taktik versteht man das Vorgehen unter Einsatz aller technischen, physischen, psychischen und theoretischen Mittel mit dem Ziel, einen Wettkampf zu gewinnen.
Da Tischtennis als Wettkampfspiel sowohl im Verein als auch im Freizeitbereich betrieben wird, sollte jeder Spieler sich mit den Grundprinzipien taktischer Verhaltensweisen vertraut machen. Die Kenntnis taktischer Grundsätze und das Spielen nach einem Plan hilft, mehr Freude am Spiel zu gewinnen.
Ein taktischer Plan zielt ab auf:

- **Ausnutzung der äußeren Spielbedingungen**
- **Ausnutzung der eigenen Stärken**
- **Ausnutzung der gegnerischen Schwächen**

Um die Ziele einer Taktik möglichst zu erreichen, sind planvolle und systematische Maßnahmen

- vor,
- während und
- nach

einem Spiel notwendig.

Wichtig: Das taktische Verhalten wird vor allem durch Diskussionen zwischen Trainer und Spieler verbessert.

Äußere Spielbedingungen

Dazu gehören:

- **Spielgerät** (Tisch, Netz, Ball)
- **Spielstätte** (Raum, Licht, Fußboden, Hintergrund, Größe)
- **Zuschauer**
- **Schiedsrichter**
- **Fahrt**

Spielgeräte

Tisch

Vor dem Spiel möglichst an einem Tisch des gleichen Fabrikats wie das des Wettkampftisches trainieren und einspielen.

Netz

Das Netz sollte vor dem Spiel nachgemessen und die Spannung geprüft werden. Nicht vergessen: Netzhöhe: 15,25 cm.

Ball

Im Training bereits mit der Ballmarke spielen, mit der die Wettkämpfe durchgeführt werden.
Neue Bälle »einspielen«, vorher feucht abwischen und auf Fehlerhaftigkeit prüfen.

Spielstätte

Licht

Beim Einspielen die Lichtverhältnisse überprüfen. Bei schlechtem Licht sich nicht zu weit vom Tisch entfernen.

Tip
Ein heller, reflektierender Hintergrund kann ebenfalls das Spielvermögen beeinflussen. **Deshalb:** geringere Distanz zum Tisch.

Boden

Mit guten Sportschuhen bzw. speziellen Tischtennisschuhen sind die meisten Böden problemlos bespielbar. Schlechte Fußböden erfordern geeignete Maßnahmen.

Tip
Bei glattem Boden Schuhe mit besonders griffiger Sohle tragen. Evtl. die Schuhsohlen feucht abwischen.

Zuschauer

Die Zuschauer haben schon häufig ein Spiel entscheidend beeinflußt.

Tip
Niemals durch Zuschauerereignisse irritieren lassen. Erst dann einen Aufschlag ausführen, wenn Ruhe eingetreten ist.

Schiedsrichter

Oft beobachtet man Spieler, die mit den Entscheidungen des Schiedsrichters hadern und dadurch in ihrer Konzentration und im Spielvermögen nachlassen.

Tip
Die Entscheidungen des Schiedsrichters ungerührt anerkennen. **Merke:** Nicht der Schiedsrichter, sondern die eigene Leistung entscheidet das Spiel.

Anreise

Auch die Anfahrt zu einem Spielort kann die Leistung im Wettkampf mitbestimmen.

Tip
Die Fahrt muß so eingeplant und organisiert werden, daß die Ankunft mindestens 1 Stunde vor dem Spielbeginn liegt.

Ausnutzung der eigenen Stärken und gegnerischen Schwächen

Sowohl die eigenen technischen Fähigkeiten als auch die des Gegners müssen frühzeitig **vor** dem Spiel richtig eingeschätzt werden. Dazu bedient man sich der Spielbeobachtung und der Spielanalyse.
Zum Verhalten **während** des Wettkampfes können folgende taktische **Basistips** gegeben werden:

- Unnötige Risiken vermeiden.
- Konzentriert spielen.
- Pausen zur Entspannung nutzen.

- Selbst das Spiel machen.
- Das Spiel variieren.
- Bis zum letzten Punkt kämpfen.
- Taktik nur in Ausnahmesituationen ändern.
- Mißerfolge schnell verarbeiten.
- Vertrauen in die eigene Stärke.
- Ausnutzung der gegnerischen Schwächen.

Taktik der Spieleröffnungen

Es zeichnet sich im modernen Tischtennis immer mehr die Tendenz ab, daß die Taktik und Technik des Aufschlags und Returns einen großen Einfluß auf Sieg oder Niederlage eines Spiels haben. Grundsätzlich hat dabei der Aufschläger die besseren Möglichkeiten, den Verlauf des folgenden Ballwechsels zu bestimmen.

Die richtige Taktik der Spieleröffnung hängt zunächst einmal vom jeweiligen Spielertyp ab. Einen besonderen Platz nehmen die taktischen Grundstellungen ein.

Taktische Grundstellungen des Aufschlägers

Angriffssystem: Tischnah, d. h. unmittelbar hinter der Grundlinie auf der RH-Seite. Aus dieser Position kann man am besten mit der VH zum Angriff kommen.

Verteidigungssystem: Ca. 1 m hinter der Grundlinie in Höhe der Tischmitte, da es aus dieser Position am besten gelingt, einen ersten Verteidigungsschlag sowohl mit der VH als auch mit der RH auszuführen.

Halbdistanzsystem: Hängt von der taktischen Entscheidung ab, ob der Spieler in die Angriffs- oder Verteidigungssituation kommen will.

Taktische Grundstellungen des Rückschlägers

Angriffssystem: Ca. 1 m hinter der Grundlinie in der RH-Seite. Aus dieser Position kann man kurze und lange Aufschläge mit einem Angriffsschlag retournieren.

Verteidigungssystem: Ca. 1 m hinter der Grundlinie in Höhe der Tischmitte.

Halbdistanzsystem: Hängt von der Entscheidung ab, ob im Angriffs- oder Verteidigungssystem gespielt werden soll. Taktisch ist es sinnvoll, bewußt die Grundstellungen zu wechseln.

Basistips zur Taktik des Aufschlagspiels

- Aufschlag konzentriert ausführen.
- Den Gegner über die Aufschlagart in Unkenntnis lassen.
- Variantenreich aufschlagen. Einen erfolgreichen Aufschlag wiederholen.
- Keine Aufschläge in die Mittelzone.
- Nur kurz oder lang plazierte Bälle stellen den Gegner vor Probleme, einen effektiven Return anzubringen.

Basistips zur Taktik des Returns

- Aufschläger genau beobachten.
- Variantenreich retournieren.
- Konzentriert spielen.

links:
Stellung im Angriffssystem
rechts:
Stellung im Verteidigungssystem

Taktik des Angriffsspielers

Das allgemeine taktische Verhalten eines Angriffsspielers ist darauf abgezielt, durch möglichst wenige vorbereitende Schläge zum punktbringenden **Schmetterschlag** zu kommen. Dabei steht er dicht am Tisch.

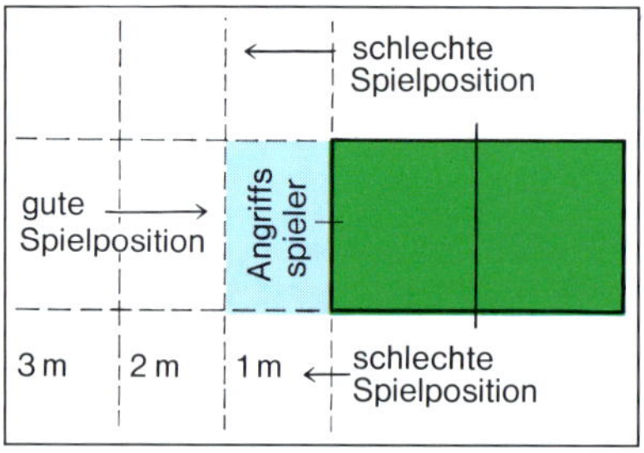

Taktische Hauptmerkmale des Angriffsspielers

Aufschlag: Variantenreich.
Schlagarten: Alle Angriffsschlagarten sowie Block und Stopp.
Spieltempo: Schnell.
Spielzüge: Wenig.
Punkterfolg: Durch Schmetterschlag.

Spezielles taktisches Verhalten des Angriffsspielers

Das spezielle taktische Verhalten richtet sich grundsätzlich nach dem Spielsystem des Gegners; folgende Hauptmerkmale müssen beachtet werden:

Angriffstaktik gegen Angriffsspieler
Aufschlag: Variantenreich, in der Regel extrem kurz in die VH-Seite.
Return: Möglichst mit einem Angriffsschlag (z. B. Flip) oder mit einem kurzplazierten Schupfschlag.
Spielverhalten: Variantenreich, schnell mit VH in das Spiel kommen, Stopp- und Schupfball nicht zu oft spielen.

Angriffstaktik gegen Verteidigungsspieler
Aufschlag: Variantenreich, neben kurzen Aufschlägen in die VH-Seite sollten auch langplazierte Aufschläge ausgeführt werden.
Return: Vorwiegend mit einem Angriffsschlag.
Spielverhalten: Mit variantenreichen Spielzügen zum Punkterfolg kommen. Schmetterschlag gut vorbereiten.

Angriffstaktik gegen Halbdistanzspieler
Aufschlag: Variantenreiche, kurzplazierte Bälle.
Return: Möglichst sofort mit einem Angriffsschlag retournieren.
Spielverhalten: Durch Tempo- und Schlagartenwechsel zum Punktgewinn kommen.

Exzellente Studie des Angriffsspiels

Taktik des Verteidigungsspielers

Grundsätzlich ist das taktische Ziel eines Verteidigungsspielers dadurch gekennzeichnet, durch Fehler des Gegners zum Punkterfolg zu kommen. Seine Grundposition ist 2–3 m vom Tisch entfernt.
Der Verteidigungsspieler muß versuchen, die Ballwechsel sehr lang zu gestalten. Geduld und Übersicht sind die Hauptmerkmale für einen erfolgreichen Spieler. Verteidigungsspieler müssen ruhige, verläßliche und ausgleichende Typen sein.

Taktische Hauptmerkmale des Verteidigungsspielers

Aufschlag: Grundsätzlich Unterschnittaufschlage.
Schlagarten: Alle Verteidigungsschlagarten, Variation des Schnittes, Schmetterschlag und Block als Überraschungsschläge.
Spieltempo: Langsam.
Spielzüge: Viel.
Punkterfolg: Durch Fehler des Gegners.

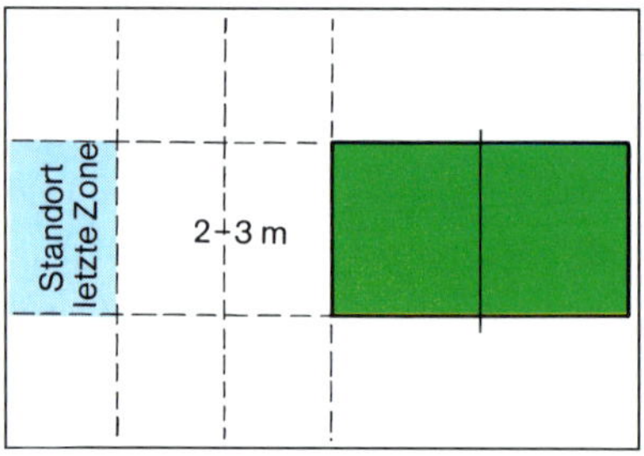

Spezielles taktisches Verhalten des Verteidigungsspielers

Verteidigungstaktik gegen Angriffsspieler

Aufschlag: Unterschnittaufschlag in die RH-Seite.
Return: Schupf- oder Unterschnittschlag.
Spielverhalten: Spieltempo verzögern, durch »Schnittvariationen« den Gegner zu Fehlern zwingen. Auf schlechte Stopp- und Topspinschläge des Gegners Schmetterschläge.

Verteidigungstaktik gegen Verteidigungsspieler

Aufschlag: Unterschnittaufschläge in die VH- und RH-Seite.
Return: Schupf- oder Unterschnittschlag.
Spielverhalten: Durch genaues Plazieren der Bälle in eine gute Position kommen, um so einen Punkterfolg zu erzielen oder den Gegner zu Fehlern zu zwingen.

Verteidigungstaktik gegen Halbdistanzspieler

Taktik wie gegen Angriffsspieler.

Taktik des Halbdistanzspielers

Das allgemeine taktische Verhalten zielt darauf hin, den Gegner durch ein variantenreiches Spiel an der Durchführung seiner Spielkonzeption zu hindern.
Der Halbdistanzspieler versucht, je nach Spielsituation, selbst Punkte zu erzielen oder den Gegner zu Fehlpunkten zu verleiten.
Den Halbdistanzspieler zeichnet eine große Flexibilität aus. Situationsbedingt spielt er in allen taktisch möglichen Positionen. Eine große und schnelle Anpassungsfähigkeit an die Spielsysteme des Gegners ist Voraussetzung für den erfolgreichen Halbdistanzspieler.

Taktische Hauptmerkmale des Halbdistanzspielers

Aufschlag: Variantenreich.
Schlagarten: Alle.
Spieltempo: Variabel.
Spielzüge: Viel.
Punkterfolg: Situationsbedingt.

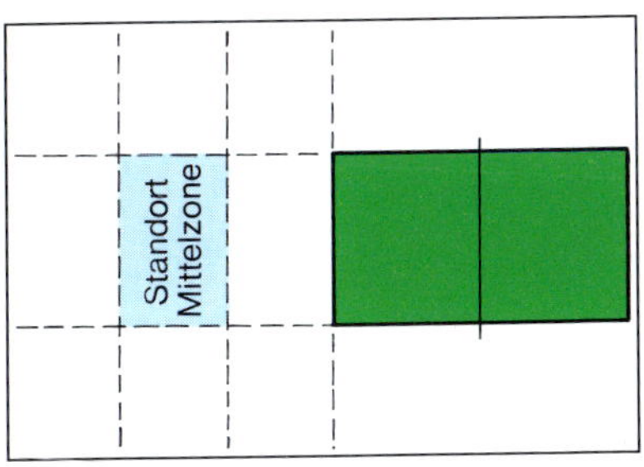

Spezielles taktisches Verhalten des Halbdistanzspielers

Halbdistanztaktik gegen Angriffsspieler

Aufschlag: Grundsätzlich kurzplazierte Aufschläge, damit die Angriffsspieler keine Gelegenheit zum harten Angriffsschlag erhalten.
Return: Kurzplazierter Schlag mit Rückwärtsrotation des Balles, um das Spiel nicht zu schnell werden zu lassen.
Spielverhalten: Variantenreich.

Halbdistanztaktik gegen Verteidigungsspieler

Aufschlag: Variantenreich.
Return: Variabel, alle Angriffs- und Verteidigungsschlagarten.
Spielverhalten: Variantenreich.

Halbdistanztaktik gegen Halbdistanzspieler

Aufschlag: Variantenreich.
Return: Wie gegen Angriffsspieler.
Spielverhalten: Viele vorbereitende Schläge, um so in eine für den Punkterfolg günstige Situation zu kommen.

Taktik des Doppelspiels

Die richtige Taktik in einem Doppelspiel hängt von den Spielmöglichkeiten der beiden Partner ab.

Taktische Hauptmerkmale des Doppelspiels

- Beide Partner sollten das gleiche Spielsystem besitzen. Lediglich gute Halbdistanzspieler können sowohl mit einem Angriffs- als auch Verteidigungsspieler harmonieren.
- Laufverhalten und Stellungsspiel der beiden Partner müssen optimal aufeinander abgestimmt sein.
- Nach dem Schlag gibt der Spieler den Tisch sofort durch seitliches Ausweichen für den Partner frei.
- Dabei gilt (für Rechtshänder): Spielt er den Ball aus der RH-Seite, bewegt sich der Spieler nach links weg. Spielt er ihn aus der VH-Seite, so macht er durch eine Bewegung nach rechts Platz.
- Nach dem seitlichen »Wegsteppen« bewegt sich der Spieler hinter den Partner.
- Bei Fehlpunkten des Partners auf keinen Fall mit ihm hadern, sondern ihn ermutigen; bei guten Aktionen den Partner loben.

Spezielles taktisches Verhalten beim Aufschlag

- Nach gewonnener Wahl muß die Entscheidung für das Aufschlag- oder Rückschlagrecht nach taktischen Gesichtspunkten erfolgen. Grundsätzlich sollte man das Aufschlagrecht wählen.

Taktik der Wechselmethode

Kommt es in einem Spiel zur Anwendung der »Wechselmethode« (siehe Regelkunde), ist es unbedingt erforderlich, die Taktik dem Regelwerk anzupassen. Folgende allgemeine taktische Grundregeln sollten angewendet werden:

- Häufig ist es vorteilhaft, den Rückschlag zu wählen, da man bestimmen kann, wer den Aufschlag des Gegners annimmt bzw. »sich stellen« kann.
- Das Aufschlagspiel muß auf die Spielweise des Partners abgestimmt sein.
- Der Aufschläger muß seinen Partner vorher über die Aufschlagart informieren.
- Oftmals ist es zweckmäßig, unkomplizierte, gut plazierte Aufschläge auszuführen, so daß der Partner beim nächsten Schlag keine Schwierigkeiten hat.

Taktische Hauptmerkmale bei der Wechselmethode

Aufschläger

- Nicht zu hastig und unüberlegt den Punkterfolg suchen.
- Den punktbringenden Schlag durch variantenreiches Spiel vorbereiten.
- Die vorbereitenden Spielaktionen nicht zu spät beginnen, sondern bereits nach dem 3. bis 4. Rückschlag den Schmetterschlag vorbereiten.
- Den punktbringenden Schlag möglichst schon mit dem 9. oder 10. Schlag suchen.

Rückschläger

- Auf »Ballsicherung« spielen.
- Schlechte Spielsituationen des Gegners unbedingt für eigene Angriffsschläge ausnutzen.
- Auf »Rhythmusstörung« spielen.
- Angriffsspieler sollten nie mit Verteidigungsschlägen operieren.

Bild oben: Aufschlagposition
Bild unten: Rückschlagposition

Training

Allgemeine Grundsätze

Nach dem heutigen Stand sind folgende Aussagen möglich:

- Durch das Training können die physischen und psychischen Anlagen ausgebildet und gefördert werden.
- Mit dem Training soll rechtzeitig begonnen werden; es soll vielseitig zusammengestellt sein.
- Das Training soll planmäßig und langfristig organisiert sein.
- Die Belastung durch das Training wird bestimmt von Alter und Trainingszustand, von der Trainings-

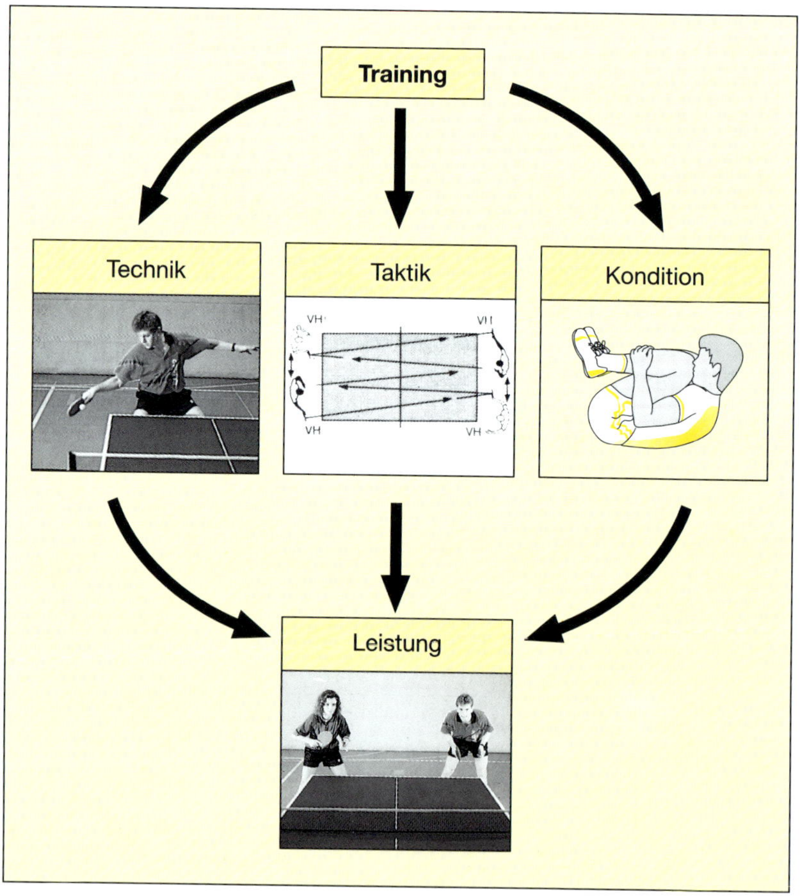

bereitschaft und von den Trainingsmöglichkeiten.

Um sich über den Trainingszustand ein reales Bild zu verschaffen, können Sie Tests oder Wettkämpfe durchführen. Ein guter Trainingszustand wird durch eine Reihe von geeigneten Maßnahmen erreicht.
Dazu gehören:

- Trainingsformen.
- Wettkampfformen.
- Trainingsmittel (Sport- und Meßgeräte, Trainingsbücher).

Denken Sie daran: Solange Ihnen das Training Spaß macht, ist es grundsätzlich in Ordnung.

Trainingsgestaltung

Damit die Trainierenden mit Freude am Training teilnehmen und auch den Erfolg ihrer Bemühungen sehen, müssen alle darauf bezogenen Maßnahmen plan- und sinnvoll gestaltet werden.
Hauptsächlich sind es zwei Grundelemente, die die Trainingsgestaltung bestimmen:

- Einteilung der Trainingsstunde.
- Trainingsperiodisierung.

Um jedoch überhaupt mit der Trainingsarbeit beginnen zu können, darf eine »Bestandsaufnahme« der Trainingsvoraussetzungen nicht fehlen.
Dazu gehören:

- Trainingsstunden pro Woche.
- Hilfskräfte.
- Trainingsgeräte und Räumlichkeiten.
- Teilnehmerzahl und Teilnehmerstruktur.
- Leistungsstandard.

Einteilung der Trainingsstunde

Jede Trainingsstunde oder besser Trainingseinheit besteht aus drei Teilen:

- **Einleitungsteil.**
- **Hauptteil.**
- **Schlußteil.**

1. Einleitungsteil:
Ziel: Den Organismus »aufzuwärmen« oder wie man auch sagt, »einzustimmen«.
Übungen: Beginnen Sie stets mit leichtem Lauf, danach Lauf- und Sprungformen, Gymnastik/Stretching, Reaktionsübungen, zum Schluß einige Sprints.
Zeit: 10% der Gesamtzeit.

2. Hauptteil:
Ziel: Verbesserung der technischen und taktischen Fertigkeiten für das Tischtennisspiel.
Übungen: Trainings- und Wettkampfformen des Tischtennisspiels.
Zeit: 70% der Gesamtzeit.

3. Schlußteil:
Ziel: Harmonischer Ausklang, der aber auch noch zur Verbesserung der allgemeinen Kondition dient.
Übungen: Alle Mannschaftsspiele (Fuß- und Basketball), aber auch Zirkeltraining, »Cool down«, z. B. durch Stretching.
Zeit: 20% der Gesamtzeit.

Trainingsperiodisierung

Für den Vereins- und Verbandssport ist es unerläßlich, das Trainingsprogramm eines Jahres in Perioden aufzuteilen.
Die Aufteilung in drei Perioden hat sich für den Tischtennissport als zweckmäßig erwiesen:

- **Vorbereitungsperiode**
- **Wettkampfperiode**
- **Übergangsperiode**

Die *Vorbereitungsperiode* zeichnet sich durch eine deutliche Akzentuierung im Konditionsbereich aus. In der *Wettkampfperiode* muß die taktische und technische Arbeit im Vordergrund stehen, und in der *Übergangsperiode* sollte ein »spielerischer« Ausklang durch andere Sportarten erfolgen.
Wird eine Periodisierung des Trainings nicht eingehalten, so ist die Gefahr eines »Übertrainings« gegeben, Lustlosigkeit, mangelnder Trainingseinsatz und allgemeines Desinteresse kennzeichnen diesen Zustand. In solch einem Fall muß das Training reduziert werden.

Wichtig: Für den Freizeitbereich ist natürlich eine klare Konzeption in der Trainingsgestaltung nicht erforderlich. Trotzdem sollte im »verkleinerten« Umfang auf diese Maßnahmen eingegangen werden; denn wenn man nur Tischtennis spielt, können die bereits beschriebenen negativen Tendenzen ebenfalls auftreten.
Für Leistungssportler muß das Training so geplant werden, daß zu den Hauptereignissen die optimale Leistungsfähigkeit erreicht wird. Die Tabelle zeigt die Leistungskurve für den durchschnittlichen Wettkampf-Tischtennisspieler.
In der Wettkampfperiode sind zwei Höhepunkte einzuplanen.

Leistungsfähigkeit in den einzelnen Perioden

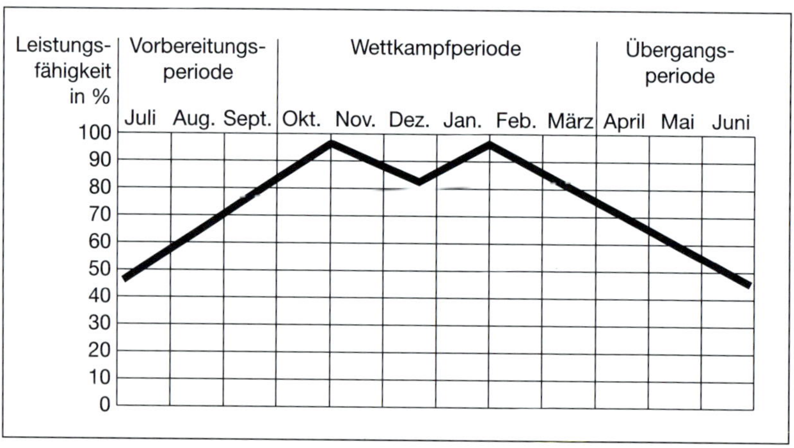

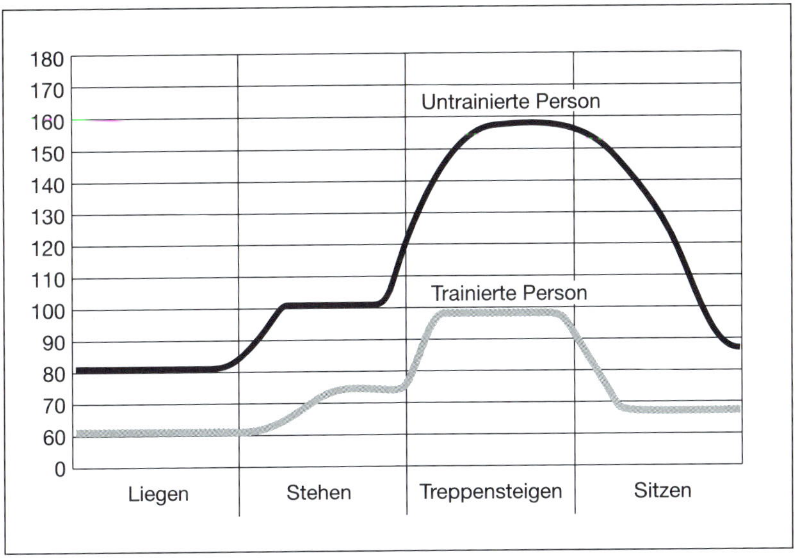

Pulsfrequenz bei trainierter und untrainierter Person

Trainingsbelastung

Ein wesentlicher Faktor für die Aufstellung eines Trainingsplans ist die richtige qualitative und quantitative Einordnung der Trainingsbelastung. Die Belastungshöhe richtet sich nach folgenden Kriterien:

- Alter, Geschlecht.
- Trainingszustand, Gesundheit.
- Freizeit- oder Leistungssportler.
- Temperatur, Tageszeit.

Kennzeichen einer zu starken Belastung während des Trainings sind:

- Pulsschlagzahl geht nur langsam zurück.
- Auffallend blasse oder rote Gesichtsfarbe.

Nach dem Training können folgende negative Reaktionen auftreten:

- Müdigkeit,
- Lustlosigkeit,
- Schwäche.

Dann müssen Sie in der Zukunft in einem niedrigeren Belastungsbereich trainieren.

Regeneration durch Jogging

Anfänger-Training

Übungen ohne Tisch

Nach dem Grundsatz »Vom Leichten zum Schweren« gilt es, sich an die Geräte des Tischtennisspiels zu gewöhnen.

1. Übungskomplex: Tippen, Prellen, Balancieren

Ziel: Gewöhnung an Schläger und Ball.

1. **Übung:** Tippen des Balles auf dem Schläger.
2. **Übung:** Prellen des Balles mit dem Schläger auf den Fußboden, RH und VH.
3. **Übung:** Balancieren des Balles auf dem Schläger im Gehen und Laufen mit RH und VH.
4. **Übung:** Variationsmöglichkeiten der Übungen 1–3:
   - Weich und hart tippen oder prellen.
   - Tippen und prellen im Wechsel.
   - RH und VH im Wechsel usw.

2. Übungskomplex: Spiel gegen die Wand

Ziel: Training der Grundstellungen und der Treffsicherheit.

1. **Übung:** Ball mit VH oder RH gegen Wand, Tür, Mauer spielen, ihn zurückkommen und einmal aufspringen lassen. Der Ball wird bei dieser Übung dadurch ins Spiel gebracht, daß man ihn direkt gegen die Wand spielt.
2. **Übung:** Wie 1. Übung, jedoch über eine an der Wand markierte Höhe spielen (Höhe 1 m).
3. **Übung:** Zurückkommenden Ball nicht aufspringen lassen, sondern direkt (volley) spielen.
4. **Übung:** Ein Feld markieren (3 x 3 m) und 1. und 2. Übung darin ausführen.

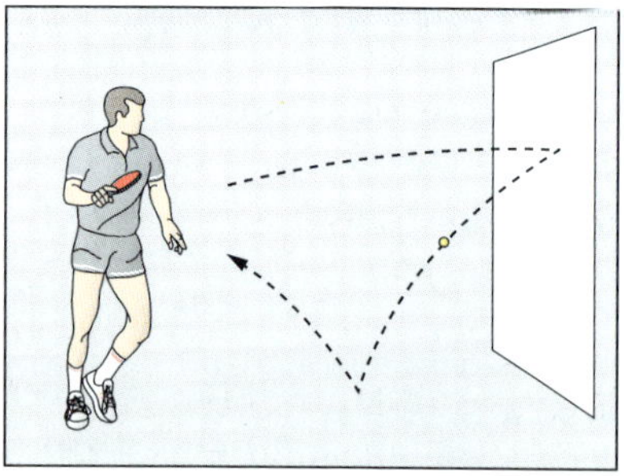

3. Übungskomplex: Spiel über eine Schnur

Ziel: Erlernung der Grobformen des Tischtennisspiels.

1. **Übung:** Ball mit VH oder RH über eine Schnur schlagen.
2. **Übung:** Zurückkommenden Ball nicht aufspringen lassen, sondern direkt (volley) spielen.

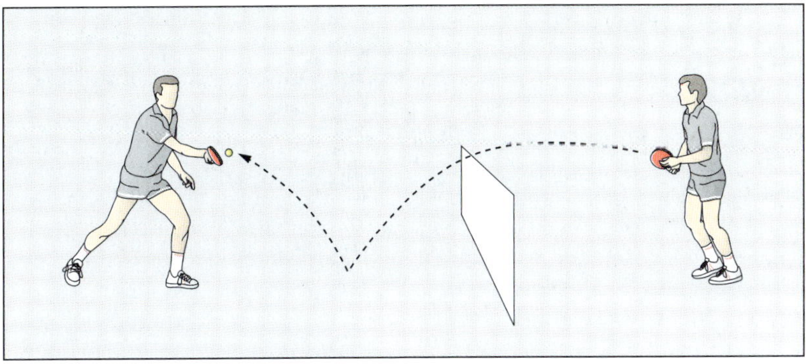

3. Übung: Variationsmöglichkeiten der Übungen 1–2.

- Spiel zu viert (Doppelspiel).
- Nur parallel oder nur diagonal spielen.
- RH und VH im Wechsel.
- Weich und hart spielen.
- Jeden zweiten Ball »direkt« spielen usw.

Wichtig: Jetzt spielen Sie bereits Tischtennis auf einem enorm »vergrößerten Tisch«.

Übungen mit Tisch

Wichtig: Die ersten Übungen mit Tisch sollten ohne Netz durchgeführt werden. Der Ball ist dadurch viel länger im Spiel!

Übungsbeispiel
Versuchen Sie, den Ball entweder mit VH oder mit RH über das Netz zu spielen, nach Möglichkeit in die Mitte der anderen Tischhälfte.
Ziel: Ball treffen und über das Netz spielen.

Tip
Auch die einzelnen Schlagarten sollten vielfach ohne Netz geübt werden.
Bei den ersten Übungen mit Tisch sollten Sie folgende Ratschläge beachten:

- Versuchen Sie, den Ball in die Mitte der Tischhälfte des Partners zu spielen.
- Der Ball soll auch weitergespielt werden, wenn er über den Tisch geschlagen worden ist. Lassen Sie ihn in solch einem Fall einmal auf den Boden springen und spielen ihn dann zurück.

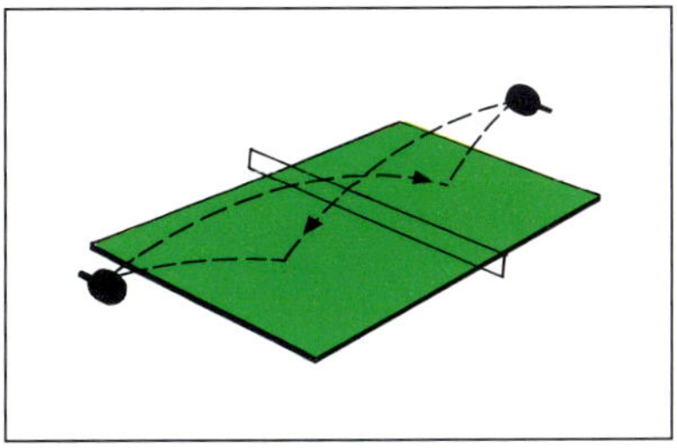

Trainingsformen

Einführung

Die Übungs- und Trainingsstunden dürfen nicht eintönig aufgebaut sein. Die vielfältigen Trainingsformen bieten die beste Gewähr, das Training zu Hause oder im Verein interessant und freudvoll zu gestalten. Vor allem garantieren sie einen schnellen und relativ gesicherten Lernfortschritt.
Besonders interessant und vorteilhaft ist die Möglichkeit, mehr als zwei Spieler an einem Tisch beschäftigen zu können. Durch Hinzufügen von Hilfsgeräten kann eine Trainingsform ständig ausgeweitet werden.

Folgende Formen bieten sich an:

- diagonales Zuspiel
- paralleles Zuspiel
- Mittellinien-Zuspiel
- Zonen-Zuspiel (Netz-, Mittel- und Grundlinien-Zone)
- Zuspiel in die einzelnen Zonen.

Die angegebenen Formen können wiederum nach folgendem Prinzip variiert werden:

- kurz – lang
- schnell – langsam
- weich – hart
- tief – hoch
- VH – RH

Wenn Sie bedenken, daß Sie unter den angegebenen Möglichkeiten wiederum alle Aufschlag- und Schlagarten durchführen können, ahnen Sie sicherlich schon die vielfältigen Möglichkeiten, Trainingsstunden zusammenzustellen.

Wichtige Hinweise

- Bei der Durchführung aller Trainingsformen muß das Prinzip der Systematik und Planmäßigkeit im Vordergrund stehen. Spielen Sie deshalb grundsätzlich alle Bälle mit dem Ziel, keinen Fehler zu machen.
- Die für jede Trainingsform ausgewiesene »Zeit« soll nur einen Mittelwert darstellen.
- Um den Lernerfolg zu steigern, sollten für einen Tisch 30 Bälle zur Verfügung stehen. Deshalb: Trainingsbälle kaufen!

Systematik der Trainingsformen

Neben den genannten Kriterien, Trainingsformen zusammenstellen zu können, lassen sich im Tischtennis die Trainingsformen nach folgender Systematik weiterhin einteilen:

- **Einfache Übung** = Übungs- oder Spielform, bei der nur eine Schlägerseite benutzt wird (VH oder RH).
- **Kombinierte Übung** = Übungs- oder Spielform, bei der beide Schlägerseiten eingesetzt werden (VH und RH).
- **Regelmäßige Übung** = »Regelmäßig« ist eine Übungs- oder

Spielform, wenn der Ballweg/ Plazierung genau vorgegeben ist.
- **Unregelmäßige Übung** = Unregelmäßig ist eine Übungs- oder Spielform, wenn der Ballweg »frei« ist. Man kann überall hinspielen.

Trainingsformen zu zweit

Spiel 1:1

Am wirkungsvollsten ist das häufige Training zu zweit an einem Tisch. Als Gründe für diese Forderung sind zu nennen:

- Alle technischen und taktischen Möglichkeiten können hierbei trainiert werden.
- Der erforderliche, wechselseitige Bezug zwischen Trainings- und Wettkampfform ist direkt gegeben.
- Die reale Spielsituation wird geschult.

1. Beispiel

1. Schlagart: Schupfschlag (beide Spieler).
2. Richtung: Mittellinie.
3. Schlägerseite: RH.
4. Zeit: jeder 5 Minuten.

2. Beispiel

1. Schlagart Aufschläger: Treibschlag. Rückschläger: Unterschnittschlag.
2. Richtung: Parallel und diagonal.
3. Schlägerseite Aufschläger: VH. Rückschläger: RH + VH.
4. Zeit: 10 Minuten.

3. Beispiel

1. Schlagart: Kontern.
2. Richtung Aufschläger: parallel. Rückschläger: diagonal.
3. Schlägerseite: beide VH und RH.
4. Zeit: 10 Minuten.

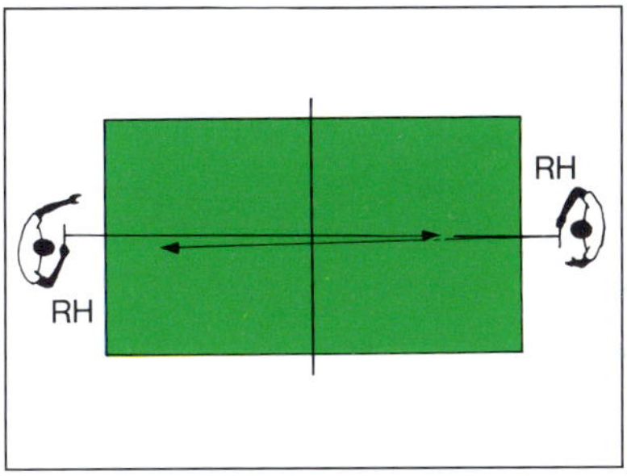

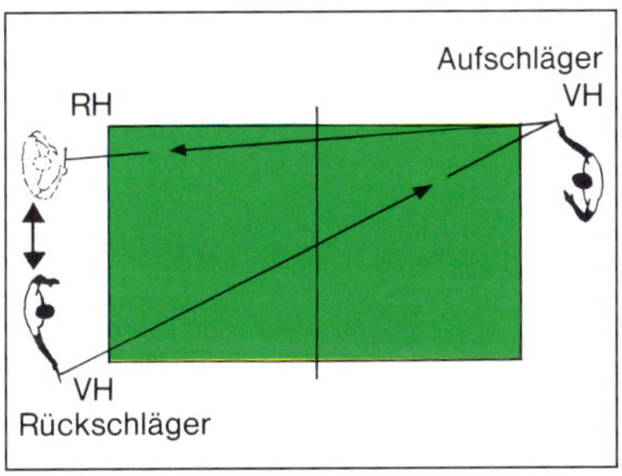

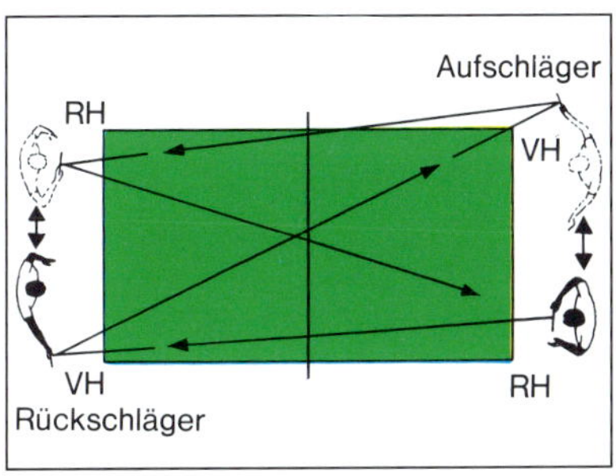

Trainingsformen zu mehreren

Spiel 1:2, 1:3 usw.
Tischtennis können Sie auch mit mehreren Personen an einem Tisch spielen.
Die Vorzüge derartiger Trainingsformen sind:

- **Effektivere Ausnutzung der Spielzeit**
  Die langen Pausen, die beim Spiel 1:1 durch das Holen der Bälle gegeben sind, entfallen.

- **Beschäftigung aller Beteiligten**
  Da bis zu 8 Personen an einem Tisch üben können, braucht kein Spieler mehr zu warten, unnötige Pausen werden vermieden.

- **Hohe Lernintensität**
  Bei allen Trainingsformen kann mit mehreren Bällen und einem »Zuspieler« operiert werden. Der Zuspieler kann Korrekturen vornehmen; durch das ständige Spielen kommt es zu keiner Rhythmusstörung des Spielverlaufs; Dosierung und Belastung können der jeweiligen Situation angepaßt werden.

- **Vielfältige Variationsmöglichkeiten**
  Bei diesen Trainingsformen können Sie:
  - Hilfsgeräte verwenden,
  - Wettkampfakzente setzen,
  - 3 bis 8 Personen beschäftigen,
  - die Trainingsintensität variieren,
  - die Trainingsbelastungen wechseln.

- **Hoher Aufforderungscharakter**
  Unter Berücksichtigung der eben aufgeführten Vorzüge fordern diese Trainingsformen jeden zum Mitmachen auf, da sie lustig und interessant sind und vor allem Spaß machen. Um Mißverständnisse zu vermeiden, sei nochmals ausdrücklich darauf hingewiesen:
  Alle Trainingsformen sollen zum besseren und schnelleren Erlernen des Tischtennisspiels beitragen. Das Spiel zu zweit *muß* jedoch im Vordergrund stehen.
  Eine sinnvolle Übereinstimmung zwischen Trainingsformen und Einzelspiel sollten Sie deshalb stets wahren. Als Richtwert kann angegeben werden: maximal 45 Minuten Trainingsformen.

Beachte: Es sollte bei jeder Form zu einem ständigen Wechsel innerhalb der Gruppe kommen, d. h. nach zwei Minuten tauschen alle Beteiligten untereinander.

Wichtig: Bei den nachfolgenden Beispielen bezieht sich die Ausführung der »Schlagart« immer auf die Spielgruppe. Als Rückschläger sollte jeder einmal fungieren. Nur bei schwierigen Formen sollte ein guter Spieler Rückschläger sein, damit der Ball im Spiel bleibt.

1. Beispiel
1. Spielform: 2:5.
2. Schlagart: Schupfschlag.
3. Richtung: Mittellinie.
4. Schlägerseite: VH.
5. Zeit: 15 Minuten.
6. Ball-Zuspieler: ja.

2. Beispiel
1. Spielform: 2:2.
2. Schlagart: Konterschlag.
3. Richtung: diagonal.
4. Schlägerseite: VH.
5. Zeit: 10 Minuten.

3. Beispiel
1. Spielform: 6 Spieler bewegen sich um den Tisch.
2. Schlagart: Schupfschlag.
3. Richtung: diagonal.
4. Schlägerseite: RH.
5. Zeit: 10 Minuten (oder nach Punkten, z. B. wer zuerst 5 Fehler gemacht hat, scheidet aus).

4. Beispiel
1. Spielform: 2:5.
2. Schlagart: Konterschlag.
3. Richtung: Mittellinie.
4. Schlägerseite: VH.
5. Zeit: 15 Minuten.
6. Hilfsgeräte: Langbank.
7. Laufrichtung: rechts um die Langbank herum und dann darüberspringen.
8. 1 Spieler spielt Bälle ein,
   1 Spieler sammelt Bälle auf.

Trainingsformen zu mehreren machen viel Spaß

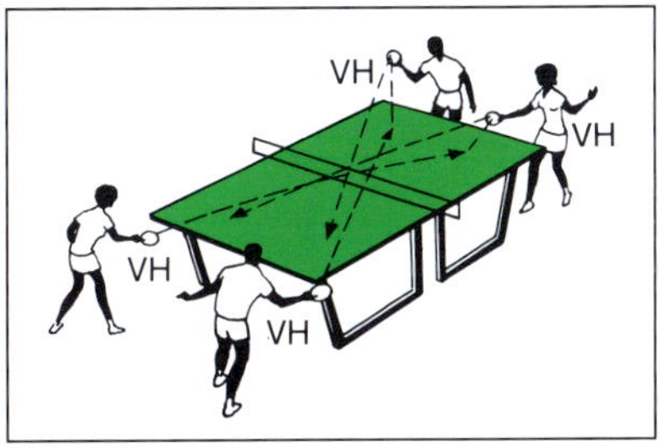

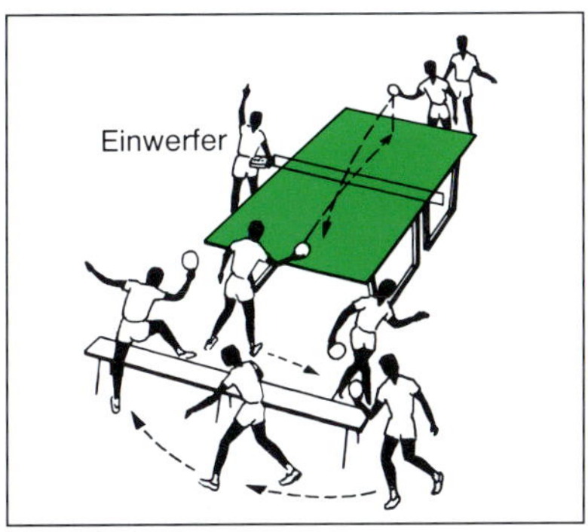

Spielzugtraining

Das Trainieren von Spielzügen sollte einen großen Zeitumfang in der Trainingsarbeit beanspruchen. Es macht sehr viel Spaß und bringt die entscheidende Sicherheit für ein erfolgreiches Wettspiel.

Wichtig: Die nachfolgenden Spielzüge können als Grundspielzüge innerhalb der angegebenen Systeme des Einzel- und Doppelspiels angesehen werden.
Bei der Auflistung der einzelnen Schlagarten des gesamten Spielzuges ist davon auszugehen, daß der Rückschlag des Gegners bzw. der Gegner unberücksichtigt bleibt. Aus Gründen der Übersichtlichkeit bestehen die Spielzüge aus 4 bis 6 Schlägen.

Variabilität des Spielzug-Trainings
Aufgrund der verschiedenen
- Techniken,
- Richtungen (parallel-diagonal),
- Längen (kurz, mittel, lang),
- Härten (weich, mittel, hart)

können außerordentlich viele Spielzug-Trainingsformen zusammengestellt werden.

Beispiele für Spielzüge

Spielsystem, Einzel bzw. Doppel	Schlagzahl	Seite des Schlägers, Schlagart, Richtung bzw. Länge
Angriff Einzel	1. Schlag 2. Schlag 3. Schlag 4. Schlag	RH Aufschlag kurz VH Topspin diagonal RH Stopp diagonal VH Schmettern parallel
Verteidigung Einzel	1. Schlag 2. Schlag 3. Schlag 4. + 5. Schlag	RH Aufschlag diagonal VH Unterschnitt diagonal RH Unterschnitt VH und RH Ballon
Halbdistanz Einzel	1. Schlag 2. + 3. Schlag 4. + 5. Schlag 6. Schlag	RH Aufschlag diagonal RH und VH Konter RH und VH Topspin Sidespin
Verteidigung Doppel	1. Schlag 2. Schlag 3. Schlag 4. Schlag	RH Aufschlag lang RH Unterschnitt RH Block RH Ballon

OPA

Gymnastik/Stretching

Gymnastik

Nicht nur der Leistungssportler im Tischtennis muß über ein hohes Maß an Schnelligkeit, Beweglichkeit, Kraft und Ausdauer verfügen. Gymnastische Übungen, Stretching und Konditionsformen leisten dafür wertvolle Hilfe. Aber auch zur Erhaltung oder Steigerung der allgemeinen Fitneß dienen regelmäßig betriebene Gymnastik- und Konditionsformen.
Gymnastik zielt dabei auf die Verbesserung der Muskeltätigkeit und Beweglichmachung der Gelenke ab.
Folgende Reihenfolge sollte bei der Ausübung beachtet werden:
1. **Lockerung**
2. **Dehnung**
3. **Kräftigung**
4. **Dehnung**

Stretching

Alle Übungen, bei denen Muskeln, Sehnen und Bänder gedehnt werden, gehören zum Stretching.

Dabei ist zu beachten:
1. Die Dehnung muß so weit wie möglich gehen (es darf auf keinen Fall schmerzen).
2. Die Dehn- oder Streckstellung muß ca. 20 Sekunden gehalten werden.
3. Dabei gilt folgende Faustregel:

- die ersten 10 Sekunden = langsam »andehnen«,
- die zweiten 10 Sekunden = nochmals etwas nachdehnen.

Kondition

Spezielle Übungen zur »Kraft«
Für Tischtennis ist die Größe der Maximalkraft nicht ausschlaggebend. Anforderungen werden insbesondere an die Schnellkraft gestellt. Jedem Tischtennisspieler ist aus gesundheitlichen Gründen zu raten, einmal wöchentlich Krafttraining auszuüben.
In den Fitneß-Centern sind solche Krafträume vorhanden, die meistens von Fachleuten geleitet werden.

Spezielle Übungen zur »Ausdauer«
Am geeignetsten für Tischtennis sind Bewegungsabläufe in Intervallform. Sie kommen der Spielsituation am nächsten. Ebenso muß die Grundlagenausdauer gefördert werden.
- Dauerläufe (bis 30 Minuten) mit konstantem Tempo.
- Waldläufe in wechselnden Geländeformen.
- Intervall-Läufe: 30 bis 60 Sekunden mittlere Geschwindigkeit, anschließend 30 bis 60 Sekunden langsamer Trab; 10 bis 20 Wiederholungen. Pulsfrequenz: bei 150 Schläge/Minute nach der Belastung.
- Alle langandauernden Trainingsformen des Tischtennisspiels.

Zweck: Anpassung und Verbesserung des Herz-Kreislauf-Systems.

Gymnastik/Stretching

Hier die 8 wichtigsten Stretching-Übungen:

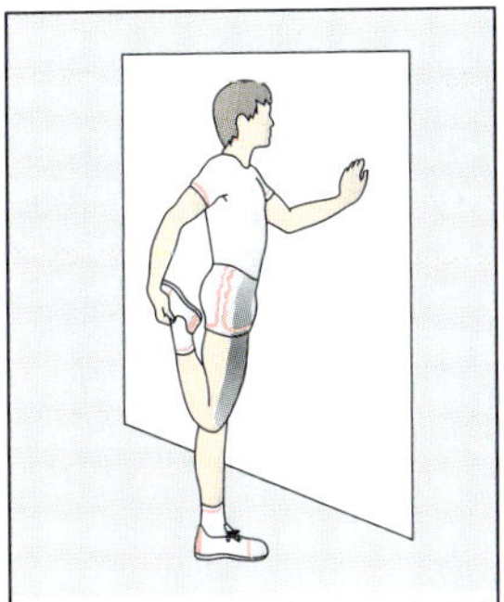

1. Übung:
Dehnung der vorderen Oberschenkel-muskulatur

2. Übung:
Dehnung der Wadenmuskulatur und Achillessehne

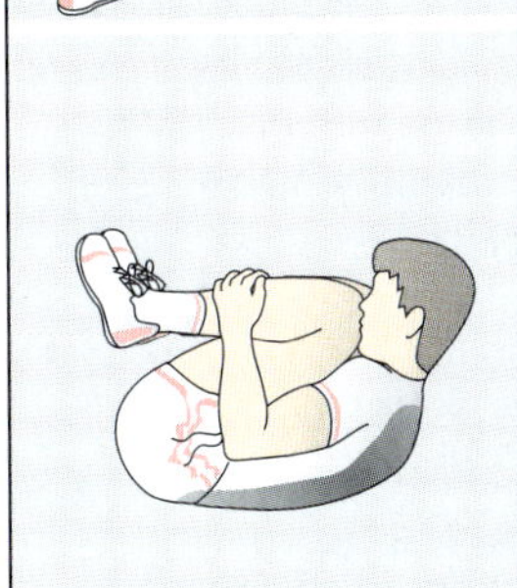

3. Übung:
Dehnung der Rückenmuskulatur

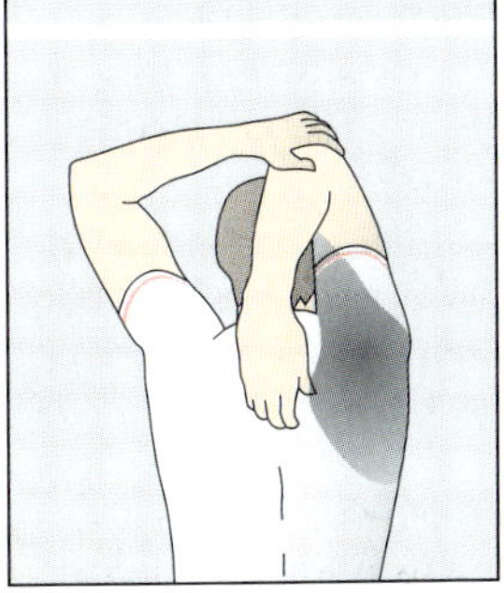

4. Übung:
Dehnung der Schulter- und Oberarm-muskulatur

Wichtig:
Alle Übungen 3 x wiederholen.

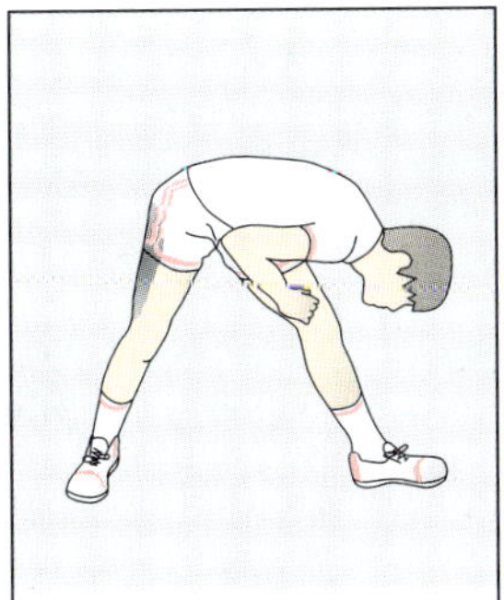

5. Übung:
Dehnung der hinteren Oberschenkel-muskulatur

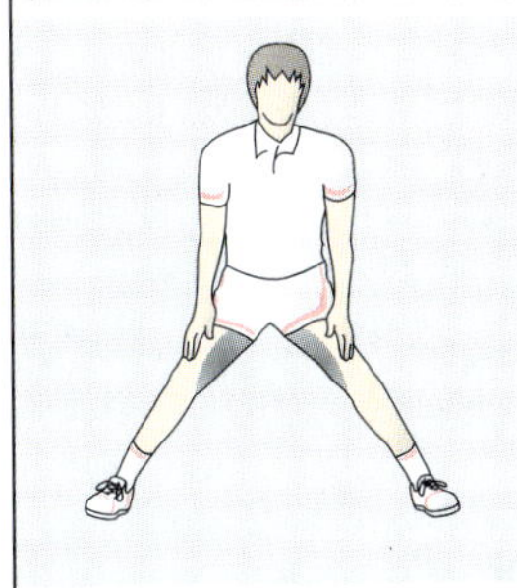

6. Übung:
Dehnung der inneren Oberschenkel-muskulatur

7. Übung:
Dehnung der seitlichen Rumpfmuskulatur

8. Übung:
Dehnung der Schulter- und Brustmuskulatur

Aufwärmen – nicht vergessen!

Spezielle Übungen zur »Schnelligkeit«

- Sprints über 20 bis 30 Meter.
- Reaktionsübungen, insbesondere auf optische Reize.
- Schnelligkeitsübungen am Tisch.

Zweck: Verbesserung des Nerven-Muskel-Systems, der Koordination und des Reaktionsvermögens.

Spezielle Übungen zur »Gelenkigkeit«

- Alle Dehnübungen aus der Gymnastik (Übungen für Wirbelsäule und Schultergürtel bevorzugen).

Zweck: Vergrößerung des Bewegungsumfangs.

Circuit-Training

Hervorragend geeignet zur Feststellung und Steigerung der körperlichen Leistungsfähigkeit ist das Circuit- oder Kreis-Training. Das Circuit-Training kann in der Sporthalle, im Gymnastikraum und im Kraftraum durchgeführt werden.

Vorteile

- Leicht durchführbar.
- Belastungsintensität und -dauer können individuell festgelegt werden.
- Gezielte Verbesserung von Kraft, Ausdauer, Schnelligkeit entsprechend den Anforderungen des Tischtennisspiels.
- Testergebnisse können sofort ausgewertet werden.
- Neue Übungen können stets eingeführt werden.
- Viele Personen können gleichzeitig beschäftigt werden.
- Es macht viel Spaß.

Durchführung

- 6 bis 8 Stationen, jede mit 2 Teilnehmern besetzt.
- Während eine Person die jeweils geforderte Übung in einem bestimmten Zeitraum ausführt, stellt die andere Person das Ergebnis fest.
- Für jede vollständige Übung innerhalb der Zeit wird ein Punkt gegeben.
- Nach allen durchlaufenen Stationen Gesamtpunktzahl feststellen. Je höher das Ergebnis, desto besser die Leistungsfähigkeit.

Wichtig: Nach jedem Umlauf sollte die Pulsfrequenz gemessen werden. Nächster Umlauf erst nach Erholung auf 120 bis 130 Schläge/Minute.

Aufwärmen vor dem Spiel

Wir möchten Ihnen nochmals dringend empfehlen, sich vor dem Spiel unbedingt aufzuwärmen.

Aufwärmzeit: 5 Minuten.

Vorteile

1. Starke Reduzierung der Verletzungsgefahr.
2. Wesentlich bessere psychische und physische Anpassung.

Denken Sie daran: Wer sich aufwärmt, vermeidet Verletzungen. Außerdem ist man am Tisch sofort »voll da«, bringt somit bessere Leistungen und hat mehr Spaß an Training und Wettkampf.

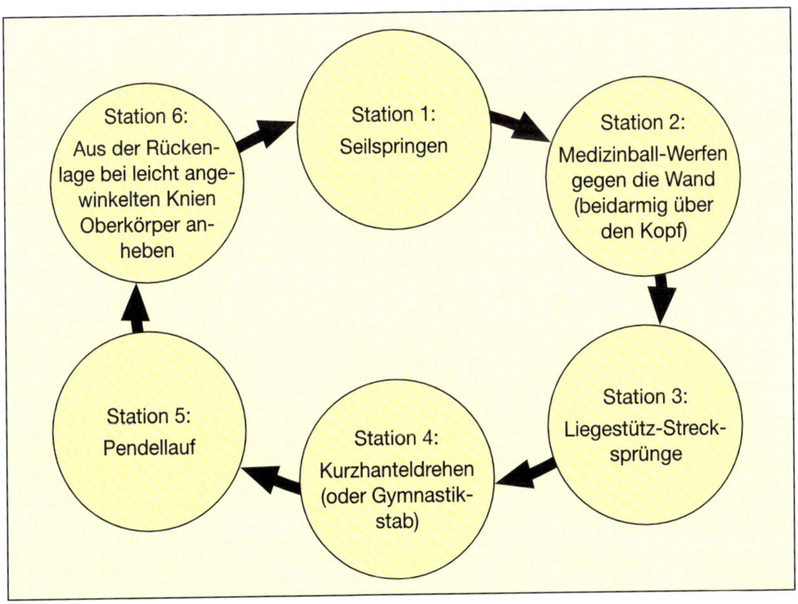

Stationen beim Circuit-Training

Wettkampf

Durch die verschiedensten Wettspiel- und Turnierformen beim Tischtennis ist die Gewähr gegeben, daß jeder Spieler – gleich welcher Spielstärke – Freude am Spiel hat. So gibt z. B. der gute Spieler dem schwächeren einige Punkte als Vorgabe und die Mannschaften werden unter Berücksichtigung der Spielstärke aufgestellt. Damit das Turnier oder der Mannschaftswettbewerb gut gelingt, sollten auf jeden Fall Vorbereitungen getroffen werden:

- Die Wettkampfstätte muß gute Spielbedingungen gewähren.
- Die Teilnehmer müssen frühzeitig eingeladen werden.
- Die Mannschaften müssen der Spielstärke nach aufgestellt werden.
- Das Austragungssystem muß entsprechend den besonderen Motiven der Teilnehmer richtig ausgewählt werden.

Wichtige Wettkampf-Tips
- Ruhig und konzentriert spielen.
- Nervosität und überzogene Streßsituation abbauen. Denken Sie immer daran: Es ist nur ein Spiel!
- Nicht die Taktik ändern.

Anmerkung: Taktische Tips siehe unter »Allgemeine Grundsätze der Taktik« (S. 82 f.).

Austragungssysteme im Freizeitbereich

Im Freizeitbereich sollte man sich nicht so starr auf das Regelwerk und die im Leistungssport üblichen Austragungssysteme festlegen.

Veränderung des Regelwerks
Die Regeln können an die besonderen Bedürfnisse im Freizeitbereich angepaßt werden: z. B.
- Verkürzung oder Verlängerung eines Satzes.
- Nur der Aufschläger kann Punkte machen (Volleyball-Zählweise).

Handicap-Spiele
- Der schlechtere Spieler erhält Vorgabe-Punkte.
- Der bessere Spieler darf bestimmte Schläge nicht ausführen.
- Der bessere Spieler muß im Sitzen spielen (warum nicht!).

Tischtennis einmal anders, z. B.:
- Die beiden Tischhälften werden ca. 30 cm auseinandergestellt, und es wird ohne Netz über diesen »Graben« gespielt (deshalb »Graben-Tischtennis«).
- Tischtennis im Rundlauf. Hierbei können 4 bis 8 Spieler mitmachen. Wer 5 Mannschaftspunkte macht, muß ausscheiden.
- 1:2, 1:3, 2:4 usw.
- Spielen Sie doch mal mit der »falschen« Hand.
- Spielen Sie doch mal mit einem Luftballon am Schläger.

Austragungssysteme für Einzelspiele

»Jeder gegen jeden«

Bei diesem System ist ein optimaler Leistungsvergleich gegeben. Deshalb wird es zur Ermittlung von Ranglisten benutzt und ist auch für die »Familien- und Hausmeisterschaften« gut geeignet. Man sollte jedoch bei der Planung eines Turniers nach diesem System auf jeden Fall den notwendigen Zeitaufwand beachten. Die Teilnehmerzahl sollte daher nicht zu groß sein. Die Anzahl der Spiele errechnet sich wie folgt:

$$Z = \frac{(n-1)n}{2}$$

Z = Anzahl der Spiele
n = Teilnehmerzahl

	Sabine	Jan	Elke	Peter	Plazierung
Sabine		1:2	0:2	2:1	3
Jan	2:1		1:2	2:0	2
Elke	2:0	2:1		2:1	1
Peter	1:2	0:2	1:2		4

Einfaches K.-o.-System

Dieser Austragungsmodus ist unkompliziert und bietet sich besonders bei großer Teilnehmerzahl an.

Prinzip: Wer verliert, scheidet aus; der Gewinner kommt weiter. Die Spieler werden in eine Turnierliste eingelost. Damit nicht die stärksten Spieler zu früh aufeinandertreffen, werden sie »gesetzt«.

Beispiel: Bei einer 16er-Turnierliste müssen Spieler auf die Position 1, 8, 9 und 16 gesetzt werden. Sollte die Liste nicht ganz voll werden, erhalten die »Gesetzten« ein Freilos. Ist die Teilnehmerzahl größer als die Liste aufnehmen kann, müssen Qualifikationsspiele gemacht werden.

Einfaches K.-o.-System mit Trostrunde

Wie einfaches K.-o.-System. Zusätzlich tragen die Verlierer der ersten Runde ebenfalls nach dem K.-o.-System eine »Trostrunde« aus.
Vorteil: Jeder Teilnehmer bestreitet mindestens zwei Spiele.

Einfaches K.-o.-System mit Trostrunde und Supertrostrunde

Wie einfaches K.-o.-System mit Trostrunde, nur tragen zusätzlich alle Spieler, die in der 2. Hauptrunde ausgeschieden sind, eine »Supertrostrunde« aus.

Doppeltes K.-o.-System

Prinzip: Ein Spieler scheidet erst nach der zweiten Niederlage aus. Dadurch ist es möglich, daß ein Spieler, der das 1. Spiel verloren hat, noch Turniersieger werden kann. Dann muß er zunächst Sieger der »Verliererrunde« werden und dann den Gewinner der »Siegerrunde« zweimal bezwingen.

Turnierbogen für »Einfaches« und »Doppeltes« K.-o.-System

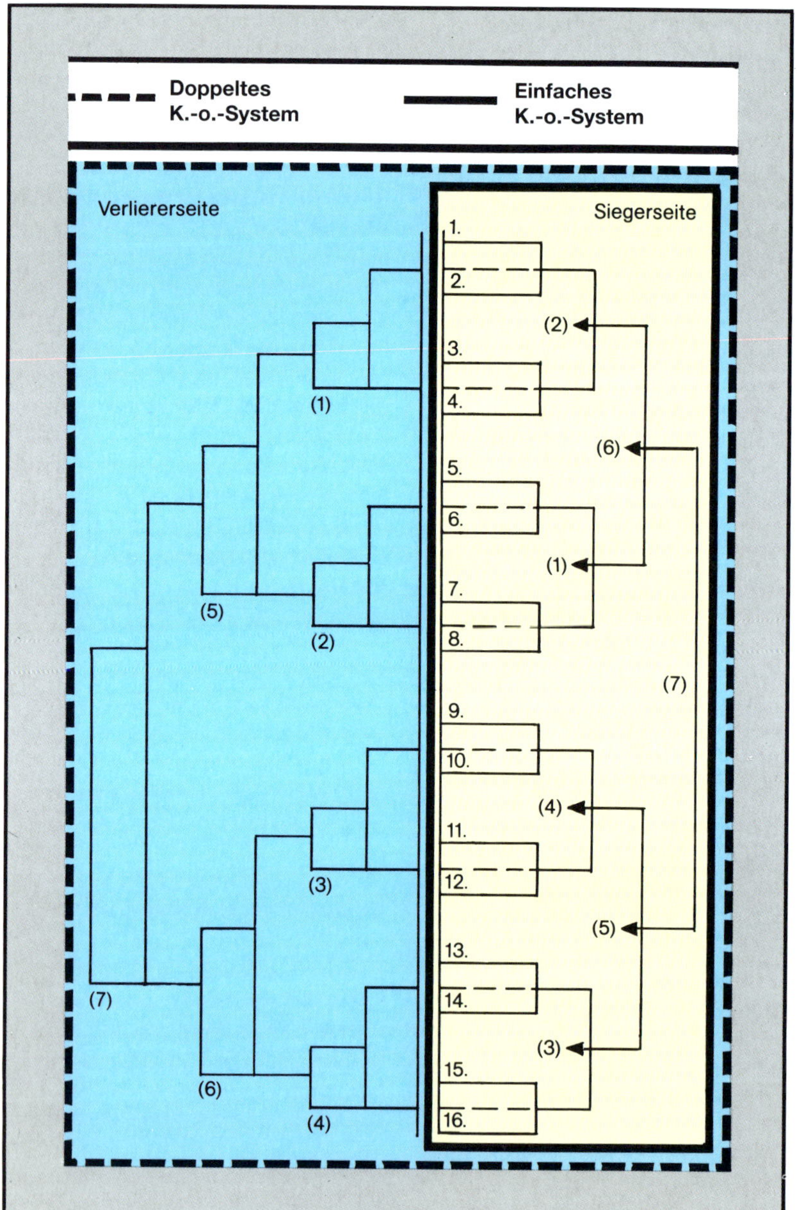

Austragungssysteme für Mannschaftsspiele

Zweier-Mannschaften (Corbillon-Cup)

Zwei Spieler, die nicht der Stärke nach aufgestellt werden müssen, absolvieren 4 Einzel. Nach dem zweiten Einzel wird ein Doppel gespielt.

Spielfolge:

1. A – X	4. A – Y
2. B – Y	5. B – X
3. Doppel	

Der Wettbewerb wird nach dem 3. Punkt für eine Mannschaft abgebrochen.

Dreier-Mannschaftssystem (Swaythling-Cup)

Eine Mannschaft besteht aus drei Spielern, die nicht der Spielstärke nach aufgestellt werden müssen. Diese spielen nur Einzel und zwar jeder gegen jeden.

Spielfolge:

1. A – X	6. C – Y
2. B – Y	7. B – X
3. C – Z	8. C – X
4. B – X	9. A – Y
5. A – Z	

Der Wettbewerb wird nach dem 5. Punkt für eine Mannschaft abgebrochen.

Paarkreuzsystem

Eine Mannschaft besteht aus 6 Spielern, die ihrer Spielstärke nach aufgestellt werden müssen. Es werden insgesamt 12 Einzel und 4 Doppel ausgetragen. Dabei spielen im Überkreuzverfahren die einzelnen Paare gegeneinander.

Spielfolge:

1. Doppel A1 – Doppel B2	
2. Doppel A2 – Doppel B1	
3. Doppel A3 – Doppel B3	
4. A1 – B2	10. A1 – B1
5. A2 – B1	11. A2 – B2
6. A3 – B4	12. A3 – B3
7. A4 – B3	13. A4 – B4
8. A5 – B6	14. A5 – B5
9. A6 – B5	15. A6 – B6
16. Doppel A1 – Doppel B1	

Der Wettbewerb wird mit dem 9. Punkt für eine Mannschaft abgebrochen.

Wichtig: Weitere Einzelheiten, sowie zusätzliche Austragungssysteme können im »Handbuch des DTTB« nachgelesen werden.

Theorie

Vorbemerkungen

Durch das Aneignen von theoretischen Kenntnissen werden folgende Vorteile geschaffen:

- Verständnis für die Probleme.
- Praktische Schwierigkeiten werden erkennbar und lösbar.
- Schnellerer Lernerfolg in der Praxis.

Geschwindigkeit des Balles

Die Ballgeschwindigkeit beim Tischtennisspiel schwankt zwischen 20–170 km/h. Entscheidend für die Ballgeschwindigkeit ist die Schlagart. Dabei kann folgende Grundregel aufgestellt werden:

Es gibt

- Schlagarten, die den Ball »voll« treffen = hohe Geschwindigkeiten.
- Schlagarten, die den Ball »anreißen« = niedrige Geschwindigkeiten.

Wichtig: Unser Auge täuscht uns oftmals eine hohe Geschwindigkeit vor, wenn, wie z. B. beim Topspinschlag, der Spieler einen enormen Bewegungsaufwand tätigt. Die Geschwindigkeit des Balles bei einem Topspinschlag ist jedoch geringer als man allgemein annimmt, da ein großer Teil der Schlagwirkung in eine »Rotation« des Balles umgewandelt wird.

Geschwindigkeitstabelle

Geschwindigkeit in km/h	Schlagart
langsam 20–60	alle Schlagarten mit extremer Vorwärts- und Rückwärtsrotation
mittel 60–100	alle Schlagarten mit »normaler« Vorwärts- und Rückwärtsrotation
schnell 100–170	alle Schlagarten ohne oder mit wenig Rotation, die mit einem schnellen Armzug durchgeführt werden

Geschwindigkeit der Schlagbewegung

Der Schlagarm allein kann bei schnellster Zugbewegung eine maximale Geschwindigkeit von rund 50 km/h erreichen (Meßpunkt: Mitte der Handfläche). Mit dem Schläger konnten maximale Geschwindigkeiten von 70 km/h registriert werden (Meßpunkt: Mitte der Schlägerfläche).

Geschwindigkeit der Schlagbewegung

Geschwindigkeitstabelle

Geschwindigkeit in km/h	Schlagart
langsam 5–20	alle Schlagarten mit langsamer Schlagbewegung. Merkmal: Bälle werden grundsätzlich kurz und weich gespielt
mittel 20–40	alle Schlagarten mit mittlerer Schlagbewegung. Merkmal: Bälle werden grundsätzlich mittellang und nicht hart gespielt
schnell 40–70	alle Schlagarten mit schnellster Schlagbewegung. Merkmal: Bälle werden grundsätzlich lang und hart gespielt

Wichtig: Ausnahmen zu den angegebenen Kriterien der Geschwindigkeitstabelle sind gegeben. So wird der Topspinschlag mit einer schnellen Schlagbewegung gespielt, obwohl der Ball oftmals kurz plaziert wird.

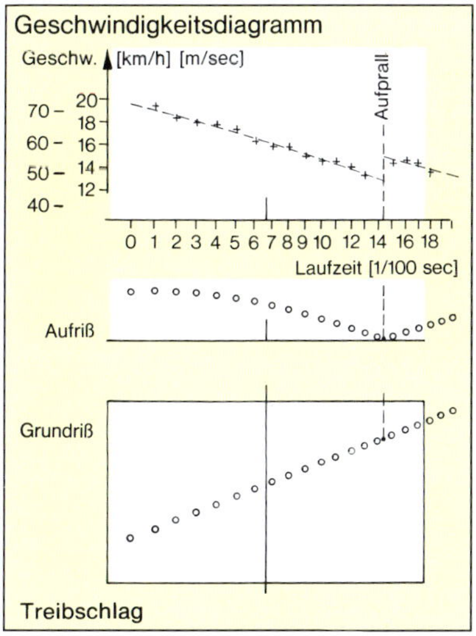

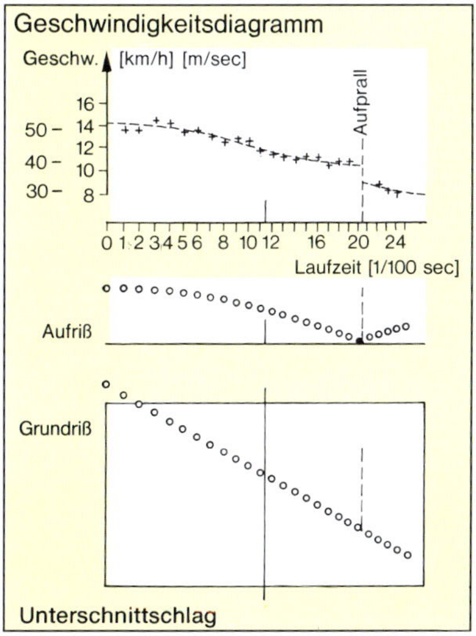

Wichtig: Wie aus den Geschwindigkeitsdiagrammen ersichtlich ist, fällt die Geschwindigkeit sehr stark ab. **Grund:** Der Luftwiderstand ist für den nur 2,5 g wiegenden Ball zu groß. Je härter der Ball geschlagen wird, um so größer ist auch der Geschwindigkeitsabfall.

Kontakt des Balles auf dem Schläger

Der Kontakt des Balles auf dem Schläger ist extrem kurz. Die Zeit liegt bei etwa $^1/_{500}$ Sekunde. Während dieser kurzen Kontaktzeit wird der Ball vom Schläger je nach Schlagstärke zwischen 0–10 mm geführt. (Dabei wird der Ball nicht »geführt«, wenn der Schläger nur – wie bei einem Block – gegen den Ball gehalten wird; bei harten Schmetterschlägen wird er bis zu 10 mm vom Schläger transportiert.) Die relativ »lange« Kontaktstrecke bei hart geschlagenen Bällen wird verständlich, wenn man bedenkt, daß sich der Ball um so mehr verformt, je härter er getroffen wird.

Reaktionszeit

Um auf einen gegebenen Reiz (beim Tischtennisspiel der Ball) eine geordnete Bewegung oder Reaktion ausführen zu können, braucht der Mensch eine bestimmte Reaktionszeit (unter Reaktionszeit muß die Zeit verstanden werden, die gebraucht wird, um auf ein Signal zu reagieren):

- bei optischen Reizen = 0,18 Sekunden
- bei akustischen Reizen = 0,14 Sekunden.

Da es sich aber beim Tischtennisspiel nicht um »Einfach-Reaktionen«, sondern vielmehr um »Mehrfach-Reaktionen« handelt (hierbei ist immer eine Alternativ-Entscheidung notwendig), muß man also beim Auftreten des Reizes eine Entscheidung treffen.
Beispiel: Spielt man den Ball mit Vorhand oder Rückhand? Durch diese Entscheidung verlängert sich die Reaktionszeit verständlicherweise.

Training der Reaktionszeit

Unter Berücksichtigung dieser Tatsache und der Feststellung, daß beim Tischtennisspiel grundsätzlich auf optische Reize reagiert wird, kann bei durchschnittlich reagierenden Tischtennisspielern mit einer Reaktionszeit von 0,25 Sekunden gerechnet werden.
Durch Training und Veranlagung kann diese Reaktionszeit bis zu 30% und somit auf ca. 0,18 Sekunden verbessert werden. Diese Verbesserungen sind besonders bei Spitzenspielern feststellbar.

Rotation und Flugbahn des Balles

Der Ball kann in der Anfangsphase maximal rund 150 Umdrehungen pro Sekunde erreichen. Das ist bei Schlagarten mit

- Vorwärtsrotation,
- Rückwärtsrotation,
- Seitenrotation

möglich.
Der Tischtennisball wird aus elastischem Zelluloid hergestellt. Die Elastizität und das Gewicht beeinflussen wesentlich die Flugbahn und die Geschwindigkeit des Balles.
Im besonderen Maße wirken aber die vier verschiedenen Schlagarten auf die Flugbahn und die Geschwindigkeit des Balles:

- Schlag ohne Rotation,
- Schlag mit Vorwärtsrotation,
- Schlag mit Rückwärtsrotation,
- Schlag mit Seitenrotation.

Außerdem gibt es mehrere Zwischenstufen, die durch Kombination dieser Schlagarten entstehen können (z. B. Rückwärtsrotation mit Seitenrotation).

Wichtig: Je mehr Rotation bei gleicher Kraftanwendung ein Ball bekommt, desto langsamer ist er.

Schlag ohne Rotation

Es handelt sich um einen Schlag, bei dem der Ball ohne Rotation in seine Flugbahn geschlagen wird. Da keine Rotation vorhanden ist, umströmt die Luft den Ball symmetrisch.
Daraus folgt, daß der Druck der umströmenden Luft auf den Ball symmetrisch bezüglich der Geschwindigkeitsrichtung (Schlagrichtung) wirkt. Ohne Rotation bewegt sich der Ball auf einer durch den Luftwiderstand stärker gekrümmten Parabelbahn.

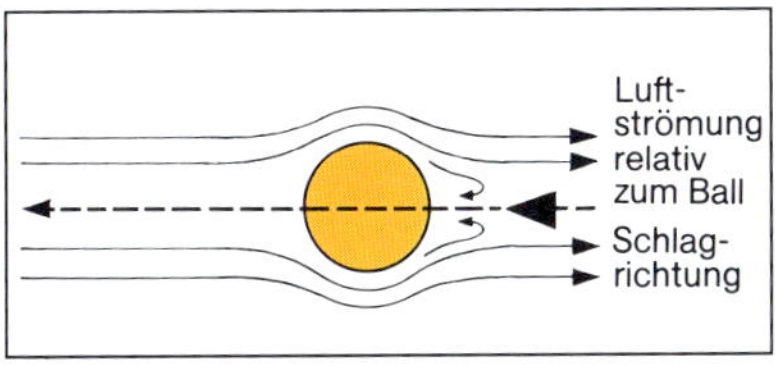

Wichtig: Beim Schlag ohne Rotation ist die Flugbahn des Balles bei gleicher Schlagstärke im Vergleich zu den Schlagarten mit Rückwärtsrotation kürzer.

Schlag mit Vorwärtsrotation

Das Strömungsbild der Luft um einen vorwärts rotierenden Ball ist von der Rotationsgeschwindigkeit abhängig (z. B. Treibschlag und Topspin). Ein Beispiel für ein solches Strömungsbild ist in der Zeichnung gegeben. Die Rotation bewirkt auf den Ball eine Kraft senkrecht zur Be-

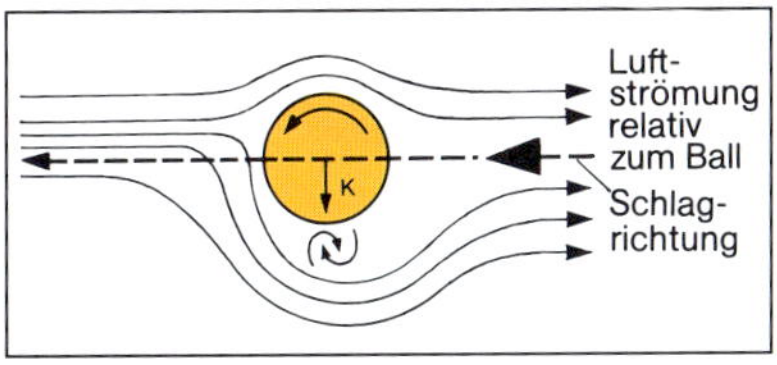

wegungsrichtung (Pfeil K). Diese Kraft unterstützt die Anziehungskraft der Erde. Die Bahn ist teilweise stärker gekrümmt als die Bahn des Balles ohne Rotation. Deshalb ist der Einfallwinkel beim Auftreffen auch besonders steil.

Wichtig: Von allen von unten gespielten Bällen kann der Schlag mit Vorwärtsrotation die größte Geschwindigkeit beim Auftreffen erreichen.

Schlag mit Rückwärtsrotation

Bei diesem Schlag ist der Effekt im Vergleich zum Schlag mit Vorwärtsrotation genau umgekehrt. Die Kraft (Pfeil K) wirkt nach oben.

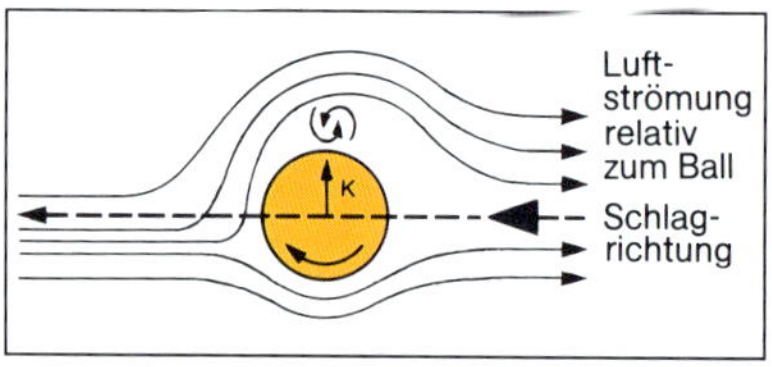

Schlag mit Seitenrotation

Ein Schlag mit maximaler Seitenrotation ist nur beim Sidespin-Aufschlag möglich. Die Rotation bewirkt eine seitliche Krümmung der Flugbahn.

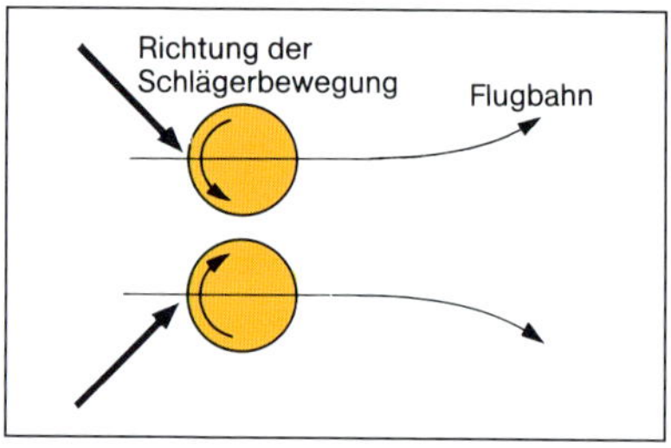

Antizipation (Gedankliche Vorwegnahme einer Handlung)

Unter Berücksichtigung der Fakten, daß

- der Ball sehr hohe Geschwindigkeiten erreicht (bis 170 km/h),
- der Kontakt des Balles auf dem Schläger sehr gering ist (nur $^1/_{500}$ Sekunde) und dabei lediglich von diesem bis maximal 10 mm geführt werden kann,
- die Rotation des Balles enorm hoch ist (bis 150 Umdrehungen pro Sekunde),
- die Reaktionszeit des Menschen beschränkt bleibt (mindestens 0,18 Sekunden),
- die Stellung des Schlägers zum Ball exakt sein muß,
- Flugbahn, Rotation und Treffpunkt des Balles vom Spieler beachtet werden müssen,könnte man evtl. zu dem Schluß kommen, daß Tischtennis gar nicht entsprechend seines Spielgedankens durchführbar ist. Natürlich beweist die Spielpraxis das Gegenteil. Die Begründung findet

sich in der Tatsache, daß der Mensch in der Lage ist, Bewegungen im voraus zu planen: **er antizipiert!**

Grundlagen für Antizipation

- Wahrnehmung der Flugbahn, der Geschwindigkeit, der Richtung **(Wahrnehmungsantizipation)**.
- Erfahrung, wie sich die Rotation des Balles auswirkt, wie der Schläger gehalten werden muß, wie der Gegner sich bewegt, vor allem aber, wie der Ball, den ich zum Gegner geschlagen habe, von diesem mit großer Wahrscheinlichkeit retourniert wird **(Erfahrungsantizipation)**.

So kann folgendes gesagt werden:

- Wir können um so besser Tischtennis spielen, je besser unsere Wahrnehmungsfähigkeit und Erfahrung sind.
- Diese Fähigkeiten können durch Training und Wettkampf angeeignet werden.
- Beim Aneignungsprozeß spielt der gute Trainer eine entscheidende Rolle.
- Der limitierende Faktor ist letztlich jedoch der Spieler selbst.

Viel Wahrnehmen – das ist der Schlüssel für eine gute Antizipation

Lernen und Lehren

Grundsätze des Lernens und Lehrens

Schaffen einer »Bewegungsvorstellung«

Die wichtigste Voraussetzung für das Erlernen einer Bewegung ist das Erlangen einer möglichst korrekten und genauen Bewegungsvorstellung.
Sie können sich die Bewegungsvorstellung dadurch gut verschaffen, indem Sie die Technikbeschreibungen und Grafiken bzw. Bildserien in diesem Buch beachten.
Die folgende Tabelle gibt eine Übersicht über alle wesentlichen Möglichkeiten, eine Information zu vermitteln bzw. zu erlangen.

Informationen	
visuell	**verbal**
1. Demonstration (Vormachen) 2. Film (normal/ Zeitlupe) 3. Video-Gerät 4. Bildreihe (fotografiert/ gezeichnet) 5. Foto 6. Zeichnung	1. Beschreibung 2. Erklärung 3. Anweisung **taktil** 1. Bewegungsführung 2. Berührungshilfen

Wichtig: Um eine genaue Bewegungsvorstellung zu erreichen, sollten möglichst viele Sinne angesprochen werden, d. h. die verschiedenen Möglichkeiten der Informationsaufnahme sollten gekoppelt werden. Die Informationen sollten kurz und präzise sein und das wesentliche der Bewegung akzentuieren.

Üben und Spielen

Allein durch die gedankliche Auseinandersetzung mit dem Bewegungsablauf läßt sich dieser nicht erlernen. Die zentrale Maßnahme im Lernprozeß stellt das Üben bzw. Spielen dar. Erfolgt das Üben **unmittelbar** nach der Bewegungsvorstellung, sind besonders günstige Voraussetzungen für das Lernen gegeben.
Es muß weiterhin beachtet werden, daß der Lernprozeß in verschiedenen Stufen erfolgt:

1. **Stufe:** Erlernen der Grob-/ Grundform einer Technik.
2. **Stufe:** Erlernen der Feinform, d. h. Differenzierung der Grundform.
3. **Stufe:** Variable Verfügbarkeit, d. h. man lernt, die Techniken auch im Wettkampf anzuwenden und sie automatisiert und variabel abrufen zu können.

Das Lehren und Lernen sollte so organisiert werden, daß man sich un-

Mit Trainer geht alles besser

ter Beachtung methodischer Prinzipien und der Ausnutzung geeigneter Lernhilfen Schritt für Schritt verbessert, um sich so vom Anfänger zum Könner zu entwickeln.

Fehlerkorrektur

Durch unsere Fähigkeiten, die Abweichungen von einer richtigen Bewegung als Fehler zu analysieren, sind wir also auch in der Lage, diese Fehler zu korrigieren.
Oft gelingt es uns noch, während der Bewegungsausführung Fehler zu korrigieren. Im Regelfall erkennen wir die Fehler aber erst nach einem Schlag.
Der Korrektur kommt im Lernprozeß eine entscheidende Bedeutung zu. Deshalb ist es wichtig, daß Sie sich vom fachkundigen Trainer oder Partner Ratschläge und Korrekturhinweise einholen.

Korrektur-Tips

1. Fehler analysieren, dann korrigieren.
2. Die Korrektur soll sich an den Fehlerursachen, nicht an den Fehlern selbst orientieren.
3. Unmittelbar nach der Bewegungsausführung korrigieren.
4. Die Korrektur stets als neue Anweisung, nicht als Feststellung von Fehlern oder Mängeln durchführen.
5. Nicht nur verbal korrigieren, sondern auch andere Lernhilfen ausnutzen.
6. Gelungene Aktionen loben, tadeln ist grundverkehrt.
7. Vom »Groben« zum »Feinen« korrigieren.
8. Nicht zu viele Korrektur-Tips auf einmal geben. Maximal zwei Tips sind ausreichend.

Balleimer

Abgedeckter Tisch

Lernhilfen

Man lernt schneller und besser unter Ausnutzung geeigneter Gerätehilfen:

- **Balleimer**
  Die Lernintensität kann durch den Einsatz vieler Bälle erheblich gesteigert werden, insbesondere, wenn mit einem Zuspieler geübt wird.
- **»Zweifarbiger Ball«**
  Mit Hilfe eines zweifarbigen Balles kann dem Übenden die Ballrotation veranschaulicht werden.
- **»Return-Brett«**
  Das Return-Brett veranschaulicht das Absprungverhalten des Balles bei unterschiedlicher Rotation.
- **Orientierungshilfen**
  Spielfeldumrandungen, Kästen usw. können so eingesetzt werden, daß sie dem Spieler eine Orientierungshilfe für die Aushol- und Ausschwungphase geben. Mit Handtüchern abgedeckte Bereiche der Tischfläche dienen zur Plazierungsschulung.
- **Tischveränderungen**
  Tische, die aus zwei Hälften bestehen, können zu vielfältigen Tischaufbauten verwendet werden, die zum einen abwechslungsreiches Spielen eröffnen und zum anderen als Gerätehilfen den Lernprozeß beim Üben unterstützen.

Mini-Tisch
Das Üben/Spielen am Mini-Tisch (z. B. nur eine Tischhälfte) verbessert das Ballgefühl und schult die Plazierung in die Netzzone

Graben-Tisch
Beim Spiel am Graben-Tisch steht ein verlängerter Ballweg zur Verfügung, die Reaktionszeit ist länger

Zehn goldene Methodik- und Didaktik-Tips

1 Vom diagonalen zum parallelen Spiel

Das diagonale Spiel ist einfacher, weil der Ballweg und damit die Reaktionszeit länger sind.

2 Vom langsamen zum schnellen Spiel

Sicherheit und Genauigkeit gehen vor Härte.

3 Vom weiträumigen zum tischnahen Spiel

Ganzkörperbewegungen lassen sich schneller erlernen als feinkoordinative Bewegungen.

4 Vom indirekten zum direkten Spiel

Vorübungen mit Ball-Boden-Kontakt vor dem Erlernen der Technik mit dem Tisch erleichtern den Lernprozeß.

5 Vom partnerschaftlichen zum wettkampfgemäßen Spiel

»Miteinander« zu spielen bereitet dem Anfänger oft mehr Spaß als »gegeneinander« zu spielen.

6 Vom Spiel ohne zum Spiel mit Rotation

Anfangs gelingen nur dann viele Ballwechsel, wenn ohne starke Rotation gespielt wird.

7 Vom »einfach–regelmäßigen« zum »kombiniert–unregelmäßigen« Spiel

(Siehe Kapitel »Trainingsformen«)

8 Spielnah üben

Um kein »Trainingsweltmeister« zu werden, müssen die Techniken möglichst früh in typischen Spielsituationen trainiert werden.

9 Spielgemäß vorgehen

Erlernte Grundformen der Technik müssen im Spiel erprobt und angewendet werden, bevor die Technik weiter perfektioniert wird.

10 Bewegungsreiche Übungsformen durchführen

Gut Tischtennisspielen kann man nur, wenn die Schläge aus der Bewegung durchgeführt werden können.

Training in der Gruppe unter methodisch-didaktischer Anleitung – das macht Spaß

Regelkunde

Das Tischtennisspiel ist von der Zielsetzung her ein Wettspiel. Das Wettspiel bringt Spannung, motiviert und macht Spaß. Im Wettspiel hat jeder die Möglichkeit, seine Spielstärke festzustellen. Zu jedem Wettspiel gehören natürlich Regeln. Die wichtigsten sollen im folgenden vorgestellt werden.

Zählweise

1. Ein **Spiel** gewinnt derjenige, der zuerst zwei oder drei Sätze (je nach Vereinbarung) für sich entscheidet.
2. Einen **Satz** hat gewonnen, wer zuerst 21 Punkte erzielt hat, vorausgesetzt, es liegt mindestens eine Differenz von zwei Punkten zum Partner vor. Bei einem Spielstand von 20:20 kommt es daher zu einer »Verlängerung«. Sieger des Satzes ist der Spieler, der zuerst zwei Punkte mehr erzielt hat als sein Partner.
3. Einen **Punkt** gewinnt, wer einen Ballwechsel erfolgreich abschließt.
4. Die **Punkte des Aufschlägers** werden beim Bekanntgeben des Spielstandes stets zuerst genannt.

Wichtige Regeln

Ein Punkt wird erzielt, wenn der Partner:

- den Ball nicht mehr zurückspielen kann,
- den Ball nicht auf die gegnerische Tischhälfte plaziert,
- den Ball in seiner Hälfte mehr als einmal aufspringen läßt,
- den Ball mehrmals hintereinander spielt,
- den Ball aufhält, wenn er seine Tischhälfte noch nicht berührt hat,
- den Ball so spielt, daß er im Flug einen Gegenstand berührt (Dekke des Raumes, Tiefstrahler u. a.),
- beim Spielen den Tisch verrückt, das Netz oder den Netzpfosten berührt,
- mit der freien Hand die Spielfläche berührt,
- einen falschen Aufschlag macht (siehe Aufschlagregeln).

Ein Ballwechsel wird wiederholt, wenn

- ein Spieler durch ein nicht von ihm verschuldetes Ereignis beim Spielen behindert oder gestört wird,
- der Schiedsrichter den Ballwechsel unterbricht (z. B. aus folgenden Gründen: zerbrochener Ball, vergessener Seitenwechsel, falsche Reihenfolge beim Aufschlag),
- während des Ballwechsels die fünfzehnminütige Spielzeit abläuft (siehe Zeitregel).

Aufschlag

- Wer zuerst aufschlagen darf, wird durch ein Los entschieden. Dabei verwendet man eine Münze oder ein Spieler hält unter dem Tisch den Ball versteckt.

Der Losgewinner hat nun vier Möglichkeiten:

1. Er entscheidet sich für den Aufschlag.
2. Er entscheidet sich für den Rückschlag.
3. Er entscheidet sich für eine Spielseite.
4. Er gibt das Los an seinen Gegner ab.

Im Regelfall sollte man sich für den Aufschlag entscheiden.

Merke: Nach der Wahl des Losgewinners hat der Verlierer die Chance, die übriggebliebenen Möglichkeiten zu bestimmen.

- Im folgenden Satz schlägt der Spieler auf, der im vorausgegangenen Rückschläger war.
- Der Aufschlag wechselt nach jeweils fünf Punkten. (Ausnahmen: Während der »Verlängerung« ab dem Spielstand 20:20 und beim Zeitspiel wird nach jedem Punkt abwechselnd aufgeschlagen.)
- Für die Durchführung gelten folgende Regeln:
  - Der Ball muß auf dem Handteller der freien Hand ruhen.
  - Die ballhaltende Hand muß sich über dem Niveau der Spielfläche befinden.
  - Der Ball muß senkrecht hochgeworfen (mindestens 16 cm) und mit dem Schläger in der fallenden Phase hinter der Grundlinie bzw. ihrer gedachten Verlängerung getroffen werden.
  - Der Ball muß so aufgeschlagen werden, daß er zuerst in der eigenen Spielhälfte aufspringt und nach Überqueren des Netzes die gegnerische Tischhälfte berührt.
- Ein Aufschlag muß wiederholt werden, wenn
  - der Ball beim Aufschlag das Netz oder die Netzpfosten berührt, bevor er in der gegnerischen Spielhälfte aufspringt (»Netzaufschlag«),
  - der Ball nach Netzberührung vom Partner angenommen wird, ohne daß der Ball vorher dessen Spielfläche berührt hat,
  - der Rückschläger noch nicht spielbereit war (darüber entscheidet der Schiedsrichter).

Die Zeitregel (Wechselmethode)

Ist nach 15 Minuten Spieldauer ein Satz noch nicht entschieden, tritt die Wechselmethode in Kraft, es sei denn, beide Spieler (Paare) haben mindestens 19 Punkte erreicht. Für die Wechselmethode gelten folgende Regeln:

- Der Aufschlag wechselt nach jedem Punkt.

- Der Aufschläger verliert den Punkt, wenn der Rückschläger den Aufschlag und die folgenden 12 Schläge richtig zurückbringt.
- Tritt die Wechselmethode während eines Ballwechsels in Kraft, wird das Spiel unterbrochen, und bei Wiederbeginn schlägt derselbe Spieler auf; wird zwischen zwei Ballwechseln unterbrochen, schlägt der Rückschläger des vorausgegangenen Ballwechsels zuerst auf.

Merke:

- Kommt die Wechselmethode einmal zur Anwendung, muß nicht nur der betreffende Satz, sondern das gesamte Spiel nach dieser Methode weitergeführt werden.

- Auf Verlangen **beider** Spieler kann die Wechselmethode jederzeit vor Ablauf der 15minütigen Spielzeit eingeführt werden.

Doppelspiele

Alle vorgestellten Regeln gelten sinngemäß auch für Doppelspiele. Folgende zusätzliche Bestimmungen müssen beachtet werden:

- **Aufschlag:** Die Mittellinie teilt die Spielfläche beider Partner in

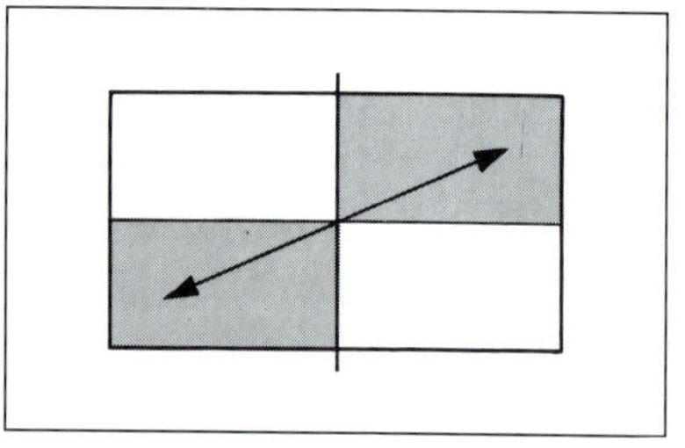

zwei Hälften. Der Aufschlag muß aus der *rechten Seite* der eigenen Spielfläche *diagonal* in die *rechte* Seite des Rückschlägers ausgeführt werden. Der Ball darf dabei die Mittellinie berühren.

- **Reihenfolge:** Zu Beginn eines jeden Satzes bestimmt das Paar, das die ersten fünf Aufschläge macht, welcher der beiden Spieler zuerst aufschlägt. Im **ersten** Satz bestimmt daraufhin das gegnerische Paar, wer von beiden erster Rückschläger ist. In den folgenden Sätzen ist die Reihenfolge des Rückschlägers jeweils umgekehrt wie im vorhergehenden Satz. Im Entscheidungssatz eines Spiels muß das rückschlagende Paar beim Seitenwechsel seine Rückschlagreihenfolge ändern. Die Seiten werden nach dem 10. Punkt nochmals gewechselt.
- **Schlagfolge:** Die beiden Doppelpartner müssen sich in der Schlagfolge abwechseln.

Wichtige Regelauslegungen

Folgende Hinweise müssen beachtet werden, damit es zu keinen Differenzen beim Wettspiel kommt:

- **Kantenball:** Nur »echte« Kantenbälle dürfen gewertet werden, da die **obere** Tischkante zur Spielfläche gehört. Berührt dagegen der Ball die Außenseite der Tischplatte, ist auf »Fehler« zu entscheiden.
- **Netz:** Es bedeutet keinen Fehler, wenn ein Ball in die gegnerische

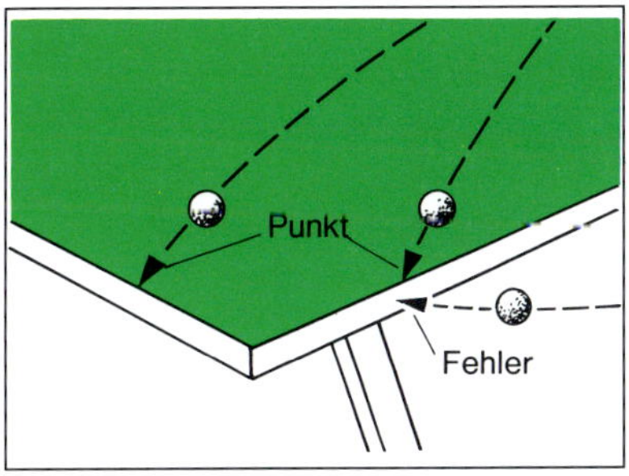

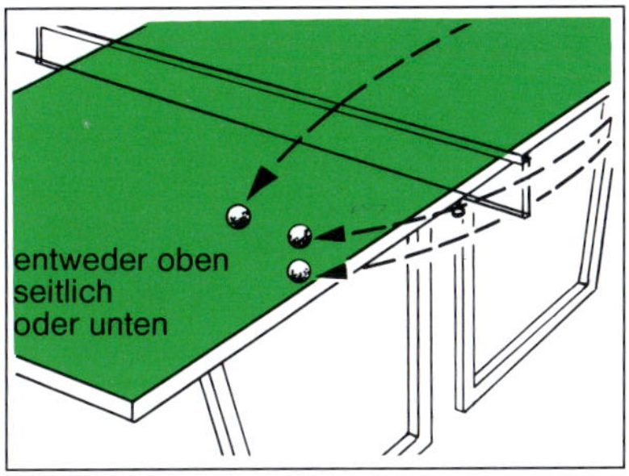

Tischhälfte gespielt wird und dabei nicht das Netz überquert, sondern seitlich neben dem Netz oder gar unter den Netzpfosten hindurch plaziert wird.

Wichtig: Im Freizeit-Tischtennis ist es im beiderseitigen Einverständnis der Partner möglich und oftmals sinnvoll, einige Regeln zu »entschärfen«. Jedoch sollten solche Abmachungen auf jeden Fall vorher abgesprochen werden. Bei Fortgeschrittenen und Leistungssportlern sind die internationalen Tischtennis-Regeln bindend und stets anzuwenden. Sie haben sich in Jahrzehnten entwickelt, bewährt und sind vernünftig aufgebaut.

Mehr Sport-Erlebnis

Peter Scholl
Richtig Tennisspielen
Technik, Training und Taktik – von den Grundschlägen bis zum Wettkampf – mit wesentlichen Merkmalen, typischen Fehlern und methodischen Hinweisen zum Lernen und Trainieren.

Kurt Haymann/
Ulrich Meseck
Spaß am Squash
Anleitung zur Spielverbesserung mit einfachen Mitteln, Erkennen und Vermeiden von Risiken, Vermittlung der richtigen Einstellung zum Spiel, ausgewählte Übungssammlung für das Selbsttraining.

Bo Ømosegård
Spaß am Badminton
Besser spielen durch Selbsttraining
Erster Ratgeber speziell für Freizeitspieler – mehr Spaß am Spiel und Leistungssteigerung mit einfachen Mitteln: alle technischen und taktischen Anleitungen, um Badminton im Selbsttraining zu erlernen oder das Spiel zu verbessern.

Ellen und Thomas Wessinghage
Laufen
Der Ratgeber für Ausrüstung, Technik, Training, Ernährung und Laufmedizin
Kompetenter Ratgeber der mehrfachen Deutschen Meister, die Erfahrungen aus ihrer langjährigen Wettkampfpraxis vermitteln; sämtliche Aspekte des Laufens für alle Alters- und Leistungsklassen.

Nancy Clark
Fit for Sports
Aktiver leben und im Sport erfolgreich sein durch richtige Ernährung: Programme für die Trainingsphasen und zur Gewichtskontrolle, 103 Rezepte für Gesundheit und Fitneß.

Dr. James E. Loehr
Persönliche Bestform durch Mentaltraining
Psychisch in Top-Form: wettkampfbewährtes Programm, um die so entscheidende innere Stärke aufzubauen, die mentale Kondition zu steigern und auch im Alltag höchste Anforderungen zu meistern.

Im BLV Verlag finden Sie Bücher zu folgenden Themen: Garten und Zimmerpflanzen • Natur • Heimtiere • Jagd • Angeln • Pferde und Reiten • Sport und Fitneß • Tauchen • Reise • Wandern, Bergsteigen, Alpinismus • Essen und Trinken • Gesundheit, Wohlbefinden, Medizin

BLV

Wenn Sie ausführliche Informationen wünschen, schreiben Sie bitte an:
BLV Verlagsgesellschaft mbH • Postfach 400320 • 80703 München
Telefon 089/12705-0 • Telefax 089/12705-543